U0452633

作者序

感谢阿尔班·米歇尔青少年出版社的优秀团队，尤其感谢露赛特·萨维耶，她亲切、睿智，支持我出版每一部作品。感谢法妮·维尔耶，她工作高效，为人友善。

感谢我的团队，没有他们，这部作品就无法问世。

感谢我儿时的玩伴——玛丽，是她鼓励我撰写莎拉的故事。

感谢本书的第一位小读者、勇敢的"回旋镖大师"——拉乌尔。

感谢我在学校遇到的每一位富有爱心的优秀教师。

——艾曼纽尔·皮盖

少年成长没烦恼

对抗**学习压力**，有办法！

[法]艾曼纽尔·皮盖 著
[法]丽莎·曼德尔 绘
王萍 译

目录

P.8 引言

P.15 第一章 我没法……

P.16 丽拉
我没法专心,一学习就开小差。

P.28 基利安
我没法安静,总忍不住动来动去。

P.41 恩佐
我没法好好写作业,拿起笔就心烦。

P.52 问题课堂
上课听不进去,感到无聊总走神怎么办?

P.55 第二章 我特别害怕……

P.56 莎拉
上课害怕被提问，想当小透明。

P.67 问题课堂
害怕和老师交流，怎么办？

P.71 白格姆特
我胆子特别小，总害怕发生坏事。

P.83 雅德
一不小心放了个屁，害怕被同学嘲笑。

P.95 问题课堂
害怕去学校，怎么办？

P.99 第三章 我一无是处……

P.100 米娜
大脑一片空白，考试总犯难。

P.110 阿尔丰斯
怎么学也学不好，怎么办？

P.122 问题课堂
学习跟不上进度，怎么办？

P.126 亚当
这不能怪我，我的身体有缺陷。

P.139 问题课堂
遇到隐形霸凌，怎么办？

引言

艾曼纽尔·皮盖

我不知道你有没有注意过，我们偶尔会学不下去。

学不下去和不想学是两回事。如果你在一周之内有几次不想学习，那再正常不过了，毕竟每个人都会出现这种情况，就算是你的父母，也会偶尔不想上班。

我还要告诉你一个秘密——我敢肯定，你的老师有时候也不想上课。如果一个人总想上学或上班，那反而更令人担忧，不是吗？

所以，偶尔不想学习是再正常不过的一件事，只要这种情况持续的时间不是太长，就没有什么问题。

但是，学不下去意味着我们在学习上遇到了阻碍。所以，我们需要仔细审视那些学习路上频频出现的拦路虎：

1.害怕在课堂上举手。比如，你没听懂老师讲的，或害怕回答错了被同学嘲笑，所以不敢举手；明明前一天晚上在家把知识点背得滚瓜烂熟，但你仍担心自己会忘，所以不敢举手。

2.对自己做出负面评价，并在考试等关键时刻用负面评价击垮自己。**我们将这种现象称为"自我否定综合征"，**需要予以重视。有时候是我们认为自己能力不足，有时候则是别人明示或暗示我们能力不足。而且，有时候他人的眼光会让我们放大对自己的负面评价。

3.身体偶尔不听自己使唤。你不仅会惹怒旁人，还会无法专心学习，因为没有人能在这种情况下学到知识。

4.思绪飘向远方，远到你听不见老师或家长讲的知识。你即使试图集中精神，也始终什么都听不进去。

面对这些拦路虎，我们往往不知所措。

有些孩子开始发脾气，因为他们感觉到无力，无法自救。没有人明白他们其实是被困住了。他们有时候会冲大人发脾气，有时候也会对同学发脾气，但往往是冲自己发脾气。他们很生气，觉得自己被困得死死的，以至于无法思考。这十分合乎情理，毕竟人在生气的时候，很难让大脑运转起来，因为整个身体都被愤怒控制着。

有时候，孩子发泄愤怒的方式是扰乱课堂秩序或惹怒别人。

有些孩子会自暴自弃，认为自己完蛋了，落后太多，永远也赶不上了；或是认为自己一无是处，没必要再努力，觉得自己终究会失败、自己不是读书的料、自己就像身边的某些亲友一样不爱学习、自己不喜欢上学……这就是所谓的"认命"。**有时候，孩子自暴自弃的方式就是在班级里扮演"跳梁小丑"**。只有这样，他们才不会觉得"认命"是件可悲的事。

还有些孩子一次又一次地努力，却屡战屡败， 看到自己的努力总是付诸东流，他们十分伤心，终于在某一刻，他们灰心丧气地放弃了。为了不让自己过分沉浸在悲伤中，他们只能继续纵容自己。这种做法合情合理，毕竟听一些听不懂的知识实在是太痛苦了。

真正令人讨厌的，是在学习中，你仿佛拥有一本作业本，虽然作业本里面还有许多空白页没写，但它已经自己合上了。

当你看到别人的作业本大方地敞开着，上面还写满了欢乐的笔迹时，你会更加痛苦，从而心生不满，你会觉得别人都在一路前行，只有自己被遗落在路旁。

正因如此，我才根据你的年龄段，梳理了一些你可能会遇到的问题，还想出了一些对策，希望能帮你重新打开你的作业本。

阅读书里的案例时，你不一定要完全对号入座，但我希望这些案例能带给你一些思考。

在与拦路虎决斗前,你需要给自己配置3种不可或缺的物品:神奇放大镜、超级回旋镖和勇气药水。

神奇放大镜:科学家发明的放大镜可以帮你放大肉眼看不清的东西。在解决问题时,你可以运用心理上的"神奇放大镜",让问题膨胀变大,帮助你从不同角度看清学习路上的拦路虎,然后使用超级回旋镖直击要害,让阻碍你学习的障碍统统消失。

超级回旋镖:使用超级回旋镖解决问题时,**你需要反其道而行之**,你不能再继续使用那些无效的方法。你可以用超级回旋镖巧妙地扭转局面。

勇气药水： 勇气药水能帮助你直面恐惧，或在必要时鼓励你向大人吐露心声。你只能在自己的内心深处找到勇气药水。别担心，我会告诉你寻找的方法，但是，寻找的过程并不轻松，毕竟你现在翻开的这本书是一本战斗指南。

这本书或许还能帮助你与老师一同找到解决办法。老师为了帮助学生，往往愿意尝试新方法。

想一想

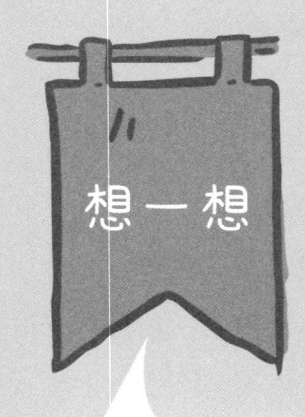

▶ 你偶尔会觉得自己学不下去吗?

▶ 你能说一说为什么感觉学不下去了吗?

▶ 你学不下去的时候是什么感受?伤心、害怕、羞愧、愤怒、内疚,还是百感交集?

▶ 你是一个人解决这个问题,还是和家人、老师一起解决?为此你都做了哪些努力?

▶ 你找的那些解决办法有效吗?

第一章

我没法……

案例1

丽拉（8岁）

我没法专心，一学习就开小差。

最近，我和老师有些小摩擦，因为我一学习就爱走神，大脑总爱做"白日梦"。这让老师很生气。每次我在课堂上开小差被老师发现，她都会大声批评我，她的声音总是吓得我跳起来，这逗得同学们哈哈大笑，我一点也不喜欢这样。这件事成了一个小麻烦，毕竟，我真希望老师能像喜欢劳拉那样喜欢我。劳拉总是很专心，每次回答问题，她都是第一个举手。我好想知道她究竟是怎么做到的，好像她的脑电波和老师的同步一样，而我却总掉队……

说实话，**每当"白日梦"突然来袭，我总是招架不**

住，注意力每次都会被抓走。

教室右边的墙上贴着一张海报，海报上是一只站在树梢的猫头鹰。我边听讲边看着它，努力集中自己的精神。这个招数偶尔能奏效，大约10次能成功1次。剩余9次，我会在不知不觉中坐上幻想电梯，直奔云霄，飞到万丈高楼的楼顶，高到我连教室都看不见。在云端，**我回忆着我的假期、爷爷的木屋，还有房间里等着我去玩的积木玩具。**

> 我会在不知不觉中坐上幻想电梯，直奔云霄……

当我沉浸在幻想里时，课堂时间已经悄然溜走，老师可能已经讲了一些历史知识，可能已经让我们读了第二天要学的古诗。而我呢？我什么也没听见，不仅一无所获，甚至没意识到自己已经迷失了方向。**突然，老师的声音像一道闪电，划破了我的"白日梦"："丽拉！"**

我吓了一跳，仿佛从高处跌落，回到地面，但一时还回不了神。

"丽拉，我已经叫了你3次，你的思绪又飞走了！不能再这样下去，你得想办法。如果上课不专心，你就没法好好学习，成绩也不会好，明白吗？"老师很严肃地在问我。但我知道,她并不是真的在等待我回答。

以前,我会向她解释:"老师,我不是故意的。"但我发现,每当我这么说,老师反而更生气了。于是,我学会了沉默,难过地噘起嘴。这时,老师的心也软了,因为她也不愿意看到我哭泣。

但是,我该怎么办呢?**无论我怎么努力,那些调皮的"白日梦"总是不请自来。**每天早晨,妈妈都会在车上问我:"丽拉,你能保证今天专心听讲吗?"我总是满怀信心地向她保证会的。我真的没有骗她,但最后,那些"白日梦"又悄悄地把我带走了。

丽拉,专心点!专心点!

每天早上,一走进教室,我就会对自己说:"丽拉,专心点!专心点!"

老师一讲课,我便盯着猫头鹰海报,不停地对自己说:"专心点!专心点!"

我会观察劳拉的眼睛,希望从中找到专心的秘诀,然而不管我怎么看,也看不出劳拉有什么特殊法宝。

上周,老师让妈妈去学校找她。她们聊了好久,而我独自在操场上快乐玩耍。到了晚上,家里的气氛变得有看，那是老师！

她看起来很不高兴。

些严肃,妈妈告诉爷爷奶奶,**我可能得了一种名叫"多动症"的病,**它让我没法像劳拉那样专心。老师还建议妈妈带我去看一看医生。

爷爷,这位家里的老顽童,立刻站出来说:"让这个小丫头安静地待一会儿吧!"

妈妈则忧心忡忡:"她的注意力有问题,我们得重视起来!"

爷爷逗趣道:"她吃饭的时候会睡着吗?"

妈妈无奈地回答道:"不会。"

爷爷随即哈哈大笑:"那我看,她应该没啥问题!"

测一测 ▶ 开始

🔍 **让我们拿神奇放大镜，瞧瞧丽拉哪里出了问题。** 同时，我们也要看看亲朋好友们的帮助，哪些是有效的，哪些是无用的。这样，我们才能找到好方法，就比如，使用超级回旋镖，帮丽拉一把。

下面是所有想帮助丽拉的人们，请在对话框内填入他们的行动吧！

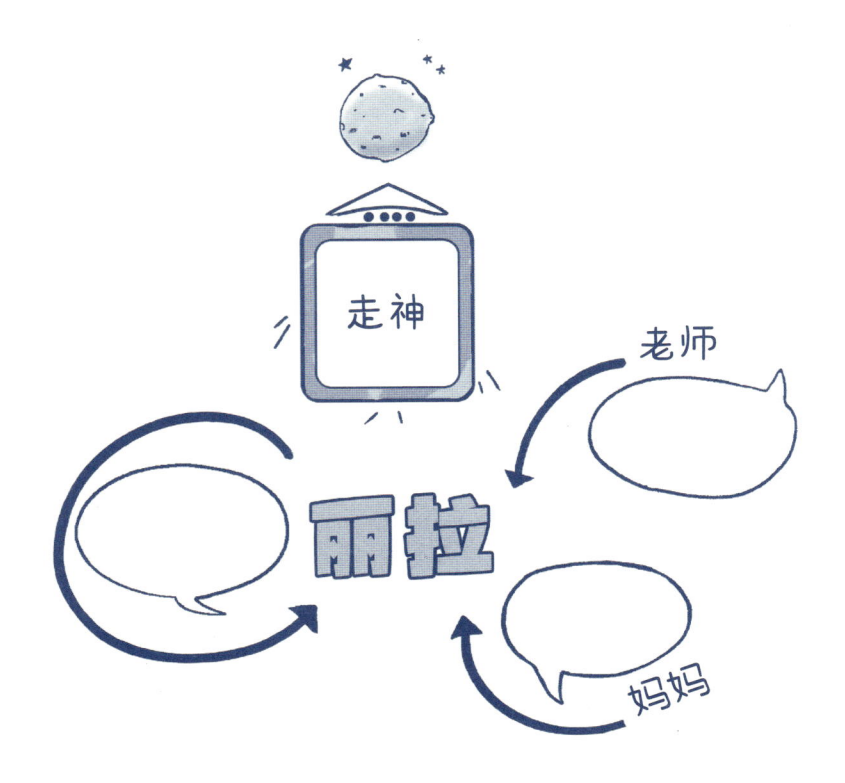

走神

老师

丽拉

妈妈

1 **大家都对丽拉说了什么？**

透过神奇放大镜，我们能够十分清晰地看到，所有人，包括丽拉自己，都只给丽拉提了一个建议——必须集中注意力。虽然这个建议合乎情理，但有的时候，正确的建议并不会产生效果，丽拉的情况便是如此。我们如果按照科学家提出的超级回旋镖的方法去做，就必须说反话给丽拉听。

2 **哪些是反话？**

"丽拉，没关系的，放轻松些！"

3 **如果让你帮助丽拉，你会使用什么方法？**

详见下一页的"我的专业建议"。

▶ 我的专业建议

有些人认为，丽拉生病了。

我却认为丽拉有一种超强天赋——**神游**，她几乎可以在任意时刻走进幻想世界，说实话，这种天赋不是人人都拥有的，我想，劳拉就没有这种本领。丽拉可以不费吹灰之力地做"白日梦"，她只需要盯着一个物体，让自己的视线模糊起来，然后"嗖"的一声，就能神游天外了。

但问题是，**大家都想阻止丽拉神游，这么做就像彻底摧毁宇宙飞船，会让所有事情都偏航**。结果，神游的本领不愿意总被束缚着，就会反抗。于是，丽拉就常被这股力量拽进幻想世界里，常常走神、开小差。**这件事情就像按弹簧，用力太猛，一松手弹簧就会大力反弹。**

有一次，我问丽拉能不能向我展示一下她的"幻想电梯"，她答应了，但她没法带我一起进入幻想世界。很快，随着"嗖"的一声，她已经直达"万丈高楼顶部"，进入了她的幻想世界。3分钟后，我打了个响指，拉回了她的注意力，我夸赞她的本领真稀奇！

"丽拉，你得给自己一点放松的空间，允许自己神游片刻。硬逼自己集中注意力，反而适得其反哟！"

"真的吗？"她疑惑地问我。

"我觉得是，你越控制它，它就会越调皮。"

"好像是这样，我最近越来越容易走神了……"

"你什么时候最放松、最容易走神呢？"

"我不知道……"

"你想想！什么时候走神了也不会有不好的影响？"

"上声乐课的时候！我唱歌时最放松，对我来说，唱歌已经形成了肌肉记忆，即使走神也不会影响唱歌。"

"你们一周唱几次歌？"

"每天都唱一次，大概10分钟。"

"那每天给自己10分钟神游时间，你觉得怎么样？"

"我觉得挺好的！"

"那我们就来做个约定吧！在声乐课上，你可以坐上你的'幻想电梯'去神游。但在其他时候，你要在心里对它说：'现在不需要你，我们唱歌的时候再见。'这样，你的想象力就会更听话一些！"

"它会听我的话吗？"

"我们试试看吧！"我鼓励她，"让我们一起观察，看看当你给了它一点空间后，它会不会变得更友好。"

这半个月，只要在声乐课上，丽拉就会坐上她的"幻想电梯"；在家的时候，尤其是待在爷爷的木屋里的时候，她也偶尔会神游。渐渐地，丽拉能控制住自己的注意力了，**我建议她每天挑选一个更合适的时间段来神游，比如洗澡时，或是睡觉前。每次神游结束，她都像卸下了一个大包袱，变得神采奕奕。毫无疑问，这是因为她给了自己放飞想象的时间。**

上课时，丽拉变得专心了，成绩也提上去了，老师很开心。

丽拉的爷爷也非常高兴。

他早就说过："让这个小丫头安静地待一会儿吧！"

想一想

让我们做一个神游小练习，体会一下丽拉的感受。请你舒服地待在房间里，让别人不要来打扰，然后闭上眼睛想象一下：

你坐在一棵古老的垂柳下，背靠着粗壮的树干，头顶上，柳树的绿叶像一把把小伞，为你遮挡阳光，太阳洒下斑斑驳驳的光影，暖洋洋的。

现在是夏日的午后，一阵轻柔的微风吹过，让你感到无比放松。耳边传来了小鸟清脆的叫声，还有远处蝉的鸣唱。你闭着眼睛，感觉到眼前有各种各样的色彩在舞动，它们是那么温暖、闪亮。你能感受到背后大树的坚实，脚下青苔的柔软……它们都让你感到安心。

微风夹杂花香和泥土的气息,令人心旷神怡。鸟鸣声就像诗人正在轻轻吟诵。你感觉自己越来越惬意,身体越来越沉重,好像要和这棵垂柳融为一体,在这里生根发芽。

请根据你的需求,发挥想象力,继续构思画面。等再次睁开眼时,你会觉得身心轻盈,充满活力。

太棒了!你完成了人生的第一次神游。

案例2

基利安（9岁）

我没法安静，总忍不住动来动去。

我已经9岁啦！我现在读四年级，成绩还不错，但是大家都说，如果我不动来动去的话，成绩会更好。

在学校，我的老师，也是学校的校长，总叫我"**调皮长尾豹**"。就像老师和我爸爸妈妈说的那样，我坐不住。

你可能不知道，"调皮长尾豹"是个超级有名的漫画角色，大人们小时候也都很喜欢它，所以我觉得被叫这个名字也挺酷的。可问题来了，**因为我没法安静下来，所以我一闹腾起来，班上的小伙伴们就有点遭殃了。**

有一天，奶奶在车上悄悄告诉我，爸爸小时候也是个"调皮长尾豹",总爱跑个不停,能把她累得直喘气。听她这么一说,我心里有些开心,因为我终于知道了自己不是个怪人。

爸爸现在33岁,他不会乱蹦跶了。而且他整天都要外出工作,所以他不像我一样,总想要出门溜达。

还有个好消息,在我们班上,不止我一个人好动!**我、古斯塔夫和莉露,我们3人就像一支调皮好动小分队**。老师对我爸爸妈妈说,如果只有我这么好动的话,他还能应付,可是现在有3只"调皮长尾豹"。踢足球、老鹰捉小鸡、跑步,还有一些刺激的游戏,都是我们3人的最爱。我们不喜欢玩陀螺,也不喜欢玩溜溜球,更不喜欢被关在教室里听课。

上课时,屁股下的椅子就像长了刺,我坐不了一会儿,腿就开始发痒,总想乱动。我努力去听老师讲课,去想关于课堂的事情,努力把注意力从晃动的小腿上转移开。我盯着教室里的时钟,想看看还有多久才能下课,我在心里默念:"基利安,冷静!冷静!"可是,**我越来越控制不住自己,我的双腿根本不听使唤**。每当这时,我就预感到:要

> 我努力去听老师讲课……

大事不妙了！

我想把痒痒感甩掉，所以开始悄悄地扭动，轻轻地跺脚，尽量不让老师察觉。我在脑袋里哼起歌，结果竟然不小心大声唱了出来。我用双手抓紧大腿，不让它们乱动……可无论怎样，老师还是被惹恼了，特别是我有一个爱告状的同桌劳拉，我真讨厌她，她会举手向老师告状："老师，基利安又搞小动作，害得我没法好好听课了！"这时，老师无奈地说："基利安，我说过多少遍了，你老老实实、安安静静地坐好，你真是让我头大！"

我也不想惹老师生气，但我不知道该怎么办。

劳拉就是个告状精。假期结束返校后，老师让她坐在我旁边，还和我说："基利安，劳拉坐在你旁边是好事，她很安静，注意力也很集中，你可以多向她学习。"

劳拉对我做了个鬼脸，我反驳道："如果要和女生坐在一起，我选莉露。"老师问我是不是随口一说，我觉得他不是真的在问我，就没有回答。

如果我伸伸手，动动腿呢？

如果我捶一捶劳拉的肩膀呢？

我往右。

我往左。

于是，从11月开始，但凡我稍微动一动手指头，劳拉就要学着大人的样子，长叹一声，再翻个白眼，然后向老师打小报告。劳拉坐在我旁边时，我完全没法安静下来，相反地，我时时刻刻都想捣蛋。每当忍无可忍时，我就会站起来，走到古斯塔夫身旁，拍拍他的肩膀。他被逗笑了，而我则回到自己的座位坐下。老师彻底发怒了，大声吼道："基利安，这里不是游乐场！"

> 但凡我稍微动一动手指头，劳拉就要学着大人的样子……

回到座位坐下后，**我的双腿平静了下来，但老师的怒火却没有熄灭。**

昨天，老师第四次联系了我爸爸妈妈，和他们聊我的"多动症"。其他家长投诉我、古斯塔夫和莉露，说我们3个人让课堂乱了套，害得其他同学无法专心学习。

老师说："主要还是因为基利安，他的表现越来越差了。现在上课的时候，不经过老师同意，他就会直接站起来。我一直试着引导他，但没用。我没办法了，现在课堂一团糟，严重影响了大家的学习，其中也包括他自己。"

爸爸妈妈很不开心，他们跟我说，如果我不能安静下来，就不再让我踢足球。看来，我必须得找到一个解决的办法。

测一测

开始

1 你认为基利安的问题会影响学习吗？为什么？

2 你有没有感觉自己身体不听使唤的时候？

3 请用神奇放大镜分析问题，并在对话框内填空。

动来动去！
扭来扭去！
蹬来蹬去！

老师

基利安

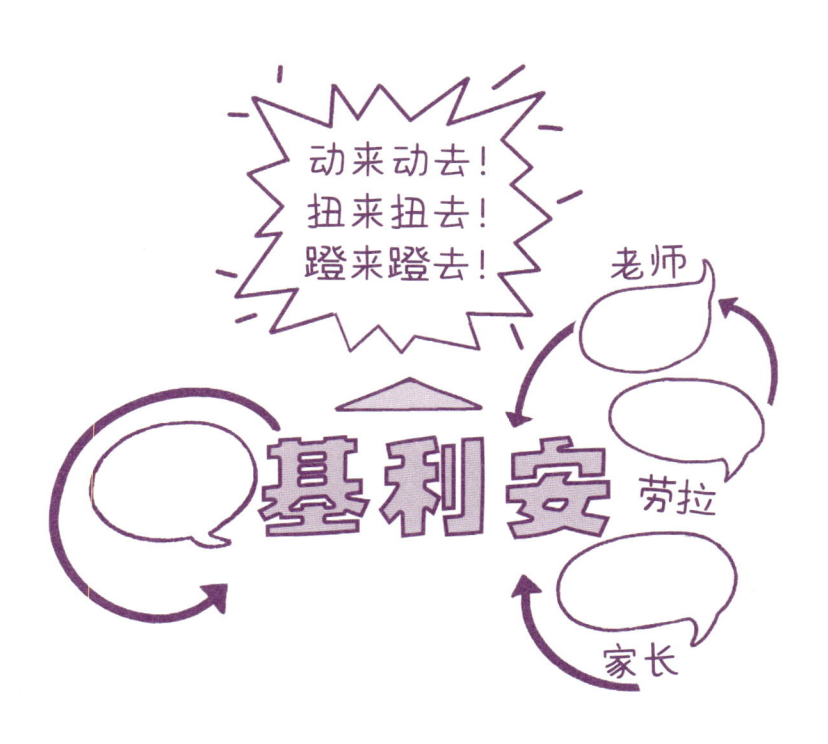

劳拉

家长

很明显，所有人都在向基利安传递同一条信息——安静点！

老师在教室对他说，基利安对自己说，爸爸妈妈在家对他说，劳拉的叹气、翻白眼、举手报告老师的行为，都是希望基利安能安静点。

通过神奇放大镜，我们发现，让基利安保持安静是行不通的，完全行不通。自从劳拉成为基利安的同桌，情况就更糟了，基利安越来越想动了。

▶ **如果我们使用超级回旋镖，反其道而行之，该给出哪些建议呢？**

"你可以动来动去。"说实话，这么说有点奇怪。

▶ **你觉得基利安怎么做才能摆脱困境？**

详见"我的专业建议"。

▶我的专业建议

我会和基利安说："你的身体里住着两个会打架的小人。"

一个小人叫"欲望"，爱动、爱跑、爱跳；另一个小人叫"意志"，会告诉基利安要冷静、要集中精神、要待着不动。

在基利安的小世界里，有一场较量正在上演，一边是"动动、跑跑、跳跳"的欲望，另一边是"遵守纪律、安安静静、一动不动"的意志。**即使我们为意志安排一支**

守卫军，欲望最终也会获胜。这正是基利安目前所面临的困境，他的意志有4个半守卫——老师、爸爸、妈妈、劳拉和半个自己，他们都守护着基利安的意志，想让他安静下来。而欲望只有半个守卫，也就是基利安另外半个自己，他会让身体去尽情地跑跑跳跳。然而，这半个守卫似乎越来越强大，让基利安在课堂上越来越想乱动。

很显然，**当"欲望"和"意志"这两个小人打架时，基利安是不可能继续专心听课、学习的**，因为他所有的注意力都转移到了身体里的这场较量中。

所以，他没法再继续学习。

虽然基利安的情况不容乐观，但我们手里还有一张王牌——基利安的老师。这位老师不仅心地善良，而且对基利安很有耐心，我们可以试着巧妙地利用这一点。

以下是我给基利安的建议：

"哦，基利安，我们必须要想出一个妙招，让你能动一动、走一走、晃一晃，不然你会越来越控制不住自己，老师会越来越生气，家长会越来越愤怒，劳拉也会越来越烦躁。"

"行不通的。教室又不是游乐场。"基利安眨着眼睛回答。

"没错,所以我们得自己建一个。"

"你的想法真奇妙!"基利安说,"在哪儿建?教室里已经是满满当当的了,没多少空余位置。一边是放着桌椅的学习区,另一边是小岛式的阅读休息区。"

"我完全不知道在哪里建,因为我不了解你们的教室,但是你了解啊。我们可以设置一片**'调皮长尾豹空地'**。上课时,如果你、古斯塔夫或者莉露想动一动的话,就在这片空地上站一站。但是要保证在这片空地上时不会影响到其他同学,你们3个人可以一个接一个地站一站。如果能再建一个地方让你们跑一跑就最好不过了,不过这最好是在操场上。"

"我们可以在教室后面建,教室后面有空地,离同学们的课桌有一段距离,如果不发出声音,站在那里也不会影响到同学们。天啊!这太好了!"

"我不确定这能不能行,因为这和大人们想要的完全不同,所以,我们首先要说服老师,不过我觉得值得一试！**你可以向老师倾诉你的烦恼**。你知道自己不是个乖孩子，因为你不管怎么努力，都控制不住自己，总是动来动去，但是你想出了一个好办法，一个新颖的、值得一试的好办法，毕竟到现在为止，老师也没找到其他的解决办法。**你可以告诉他你内心的挣扎，还有你的计划。不过，你得提前想好计划，这样才显得更认真**。你可以说：'我带来了两个长尾豹小玩偶，一个给您，一个给我自己。如果您同意设置这片空地，我就在空地上贴一些脚印贴纸，实在忍不住想动的时候，我会举起长尾豹，您则告诉我同不同意让我悄悄地站到教室后面去。而且这片空地古斯塔夫和莉露也可以使用，当然了，我们会排队。'"

"这个办法太棒了，我希望老师能答应。"

"一开始，老师可能会觉得不好管理，对你说：'不行，基利安，如果大家都想去站一站，你知道场面会有多混乱吗？'这个时候，你可以说：'的确存在这种可能性，但我觉得除了我们3个人之外，不大会有其他人感兴趣，因为这毕竟是"调皮长尾豹"们才会干的事。'你还可以让老师列一张排队名单，先试验一周，看看效果。万一申请的人太多，闹哄哄的，就停止。"

"如果老师不答应呢?"

"基利安,你已经勇敢地迈出了脚步,这本身就是胜利的第一步。老师可能会因为你的创意而用与众不同的方式去处理问题。虽然没法向你保证什么,但你的努力和勇气就像小星星一样点亮了希望。"

老师觉得基利安的想法十分有趣,不过他也有点好奇,于是便打电话给我,询问这个主意,我和他说明了情况。**不久后,"调皮长尾豹空地"便建好了。**基利安一天大约会在那里站一两次,每次站之前都会征求老师的同意,老师看着基利安露出了欣慰的微笑。

基利安、古斯塔夫和莉露都加入了这个游戏,从而变得安静了。

而劳拉上个月一次小报告也没有打。

想一想

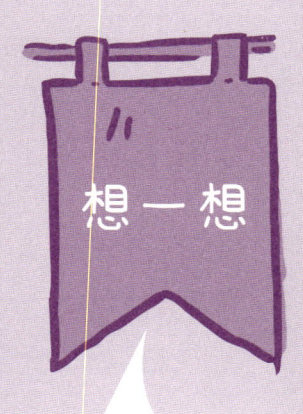

▶ 如果教室没有地方让基利安设置"调皮长尾豹空地",你还有什么办法帮助他?

▶ 你是否偶尔会感觉到身体与意志、理智与情感在斗争?

▶ 你会如何终结这场斗争?做法是否有效?你可以从基利安的案例中获取灵感,寻找解决方案。

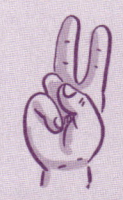

小知识

有些学校在教室里安装了健身课桌,孩子们可以一边听课,一边蹬自行车。他们的大脑在听,身体在动。这种模式似乎有一定的效果。

案例3

恩佐（8岁）

我没法好好写作业，拿起笔就心烦。

我爸爸没怎么上过学，他说他不是上学的料，他觉得学习不重要。妈妈每次都会说："查尔斯，别胡说八道，学习很重要！"爸爸则会说："在这个家里，到底是谁当家做主呢？"爸爸靠着爷爷传授的经验，经营了一家大型机械修理厂。

妈妈和爸爸的想法不一样，她认为学习非常重要，只有好好学习，以后才能有更多的工作选择。但**我的心里却已经有了自己的小算盘，我希望在爸爸的修理厂工作，所以我不怎么在乎学习。**

妈妈特别在意我的作业和考试成绩，她经常和我说："恩佐，你才小学三年级，你必须考高分，因为未来会越学越难，你不能像你爸爸一样放弃学习。"

> 你不能像你爸爸一样……

我在心里默默想着："不，我想像爸爸一样……"然而，我从不敢大声说出来，我害怕惹妈妈生气。不管怎样，**我和妈妈最后总会因为学习而吵起来，这件事情导致她和爸爸也吵了很多次架。**

"我猜，你应该不喜欢吵架。"

"不喜欢。因为如果我和妈妈吵的话，最后往往是她惩罚我，比如罚我不许钓鱼、骑车之类的。如果妈妈和爸爸吵的话，最后往往是妈妈哭着说没人支持她。她会埋怨爸爸给我灌输了错误的想法，在耽误我的前途，她说如果再这么下去，她就离婚……这种争吵让我很难受，我不希望他们因为我而离婚。"

"我理解，这种争吵太可怕了！你妈妈和我说你想看心理医生，谢谢你对我的信任。不过话说回来，恩佐，你希望我怎么帮你？"

"我希望妈妈不要那么焦虑，也希望爸爸妈妈不要再因为我的学习而吵架。"

"这听起来有难度,你真的希望改变一切吗?"

"是的,但我根本改变不了。"

"和我说一说,什么时候让你觉得最痛苦?"

"写作业的时候。每晚6点,妈妈希望我写一个小时的作业,周六和周日更狠,早上还要写两个小时。真的太痛苦了!她让我把所有知识点都背下来,然后拿着课本问我问题,给我设置一些陷阱,如果我有一星半点不懂,她就会从头开始讲解和提问,确保我没有在假装学习,确保所有的知识点都被完整地装进了我的小脑袋。**唉,我受够了!** 那些时间,我本来可以用来骑车,或者帮爸爸修摩托车。但是不行,我得一直复习。如果我和她说'背诵对修车完全没用',她就会很生气。如果我和她说'我什么都听不懂,上学没什么用',她也会很生气。我这样说的目的,其实是想让她发火,因为她在气头上时,总会惩罚我去干家务,这样我就可以不用写作业了。所以,**有时候我会觉得还不如惩罚我,至少这样我就可以不用写作业了。**

> 如果我有一星半点不懂,她就会从头开始……

"妈妈如果只是有一点点生气的话,她就会对我说,她这么做都是为了我好，她会耐心地陪着我一起完成作业。但如果爸爸出现了，情况就不同了。妈妈会大声地向爸爸抱怨，说：'我真的受够了你的儿子，你得和他好好谈谈。查尔斯，现在的时代和以前的不一样了，他必须得认真学习。'而爸爸总是一副无所谓的样子，只是简单地说：'恩佐，听你妈妈的话，好好写作业。'这时候，妈妈就会讽刺地说：'哦，看看你，多么严厉的父亲啊！真是太棒了，查尔斯。我还以为你能说服他写作业呢！'然后，他们就开始争吵起来。**每当这个时候，我都会悄悄地躲进自己的房间，把门关上，以免听到他们因为我而吵架的声音。**"

> 有一天，老师责备我妈妈，说妈妈不应该替我学习。

"那老师怎么看呢？她觉得你的表现怎么样？"

"老师说我不够自觉，上课时也不怎么专心听讲，这让妈妈感到特别焦虑。我有点困惑，既然每天晚上妈妈都会给我讲好几遍课本上的知识，那我上课时为什么还要听讲呢？有一天，老师责备我妈妈，说妈妈不应该替我学习。因为老师发现我的作文并不是自己写的——其实，那是妈妈在一个周日的晚上，趁我睡着了，悄悄地帮我完成的。我们之前还因为这个作业吵了一架呢。老师提醒妈妈，不应该这样过分插手我的学习，因为这样不利于我学会独立。**老师还对妈妈说，我的成绩可以不是最好的，但必须是真实的，是靠自己的努力得来的。**不然的话，等我真的长大，到了必须独立的年纪时，就无法自救了。

"妈妈听了老师的话后，觉得老师讲得很有道理，这让我心里还萌生了一丝希望，但是当天晚上，妈妈又像往常一样开始操心我的事情了。她总是那么焦虑，好像总是放心不下我似的。"

"恩佐，那你做了些什么来让你妈妈不那么担心，也让自己能够更独立一些呢？"

"我让她不要管我，我提醒她老师说过的话，我也跟爸爸说过，我真的不想再和妈妈一起写作业了。有时候，我甚至故意走神，惹妈妈生气，希望她能放弃管我。"

"但是我觉得到目前为止，这些办法好像都不管用。"

"是的，这些办法不管用，完全不管用。"

测一测 ➡ 开始

🔍 如何使用神奇放大镜分析恩佐这种复杂的情况？

请在对话框内填空。

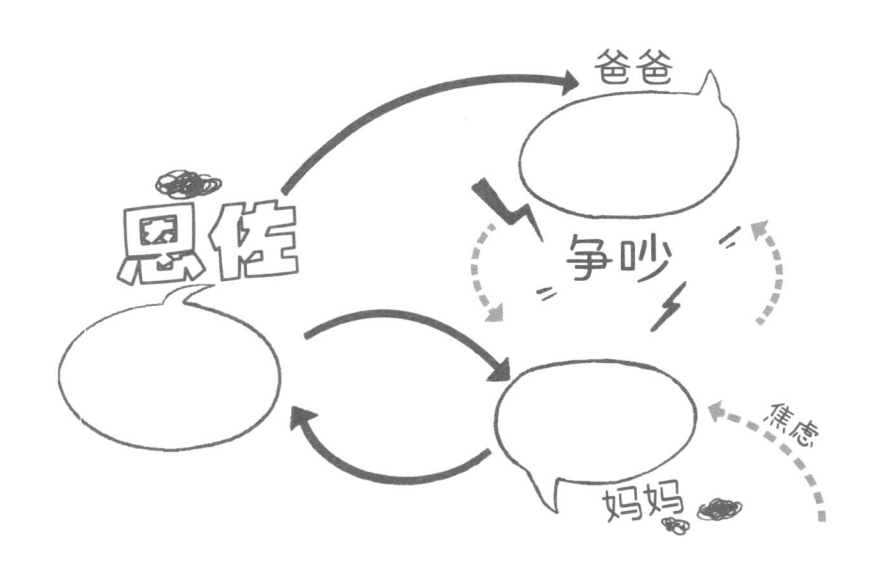

恩佐

爸爸

争吵

妈妈

焦虑

　　恩佐没法认真写作业。因为这件事，他的爸爸妈妈总是吵架。最后，焦虑不安的妈妈开始每天监督恩佐写作业。

1 **为了消除妈妈的焦虑情绪，让爸爸妈妈不再吵架，恩佐都做了哪些无用功？**

恩佐破罐子破摔，对妈妈说："让我一个人待着吧！我不想写作业。"

2 **恩佐陷入了哪种恶性循环？他越……他妈妈就越……**

他越是像瘫软的章鱼那样懒散，不愿写作业，他妈妈就越担心他的学习，越要监督他写作业。

3 **若使用超级回旋镖，恩佐可以和他妈妈说些什么？**

"妈妈，我需要你的帮助，我决定好好学习。"

4 **你认为，还有谁能帮恩佐摆脱困境？**

毫无疑问，老师是解决这个问题的关键。

5 **请你帮助恩佐走出恶性循环。**

详见下一页的"我的专业建议"。

▶ 我的专业建议

"亲爱的恩佐，我要告诉你一个大秘密——**爸爸妈妈其实和我们一样，有时候也会感到脆弱和困惑，我们要学会用正确的方式和他们相处**。比如，当爸爸妈妈感到焦虑时，我们可以给他们找点事情做，让他们转移一下注意力。不然，他们可能会做出一些让人哭笑不得的事情，比如，花好长时间去帮一个三年级的小朋友完成作业。所以，**我们必须给你妈妈找块'硬骨头'啃一啃**。幸运的是，你有一位非常善良的老师，我相信她会很乐意帮助你学会独立，让你妈妈也能放心一些。"

"你是说，要在妈妈焦虑时，找一些方法让她放心吗？"

"是的，不过千万别和她说。不然的话，我们的战斗计划马上就会完蛋。"

"一言为定！"

"恩佐，你得去见见你的老师，和她说我们已经一起讨论过你的问题了。告诉她我们俩和她的想法一样，都觉得你必须自己一个人写作业，靠自己考出真实成绩。但是你需要她的帮助，帮你说服你妈妈启动'**独立计划**'。记住一定要说'独立计划'这四个字，这很重要，好吗？"

"好！"

"你还要请老师转告你的妈妈，在接下来的三周里，不能帮你做作业，也不能提醒你学习，由你自己和你的老师来负责你的学习。**我相信三周之后，等你妈妈看到你变得多么独立，她就知道自己不用再操心你的学习了。**"

"你的方法还是有点吓人。这样的话，我在家的时候只能自己一个人写作业了？"

"是的，现在你这么一说，我才意识到，这个转变可能有点突然。"

"很突然。我不确定自己能不能行，毕竟我还小。"

"好吧，那就让老师和你妈妈说，只有你主动向她求助时，她才可以帮你。我们可以商定一个'最长求助时长'。她每天最多只可以帮你15分钟，你觉得行吗？"

"我还是有点害怕。"

"别担心，没那么难！如果你妈妈执行了'独立计划'，你就在爸爸面前好好表扬她一番，告诉爸爸她是个超级棒的妈妈，就像'养娃界的世界冠军'一样厉害。你能做到吗？"

"可以的,当然可以。相信我!"

在开始的两周里,恩佐的考试成绩确实有点糟糕,因为他还在学习如何独立完成作业。尽管老师特别向妈妈解释说,成绩的暂时下滑是非常正常的事情,但妈妈还是忍不住担心。不过,幸亏老师一直没有放弃对恩佐的鼓励,他才慢慢学会了认真听讲和自主学习。

恩佐告诉我,他最开心的是,现在他和妈妈又能像以前一样不吵架、和和气气的了。

想一想

▶ 你是否也曾觉得,有时候那些爱你的人会替你做决定,阻止你成长?

▶ 对你而言,别人替你做决定意味着什么?

▶ 恩佐有点害怕使用超级回旋镖,你觉得原因是什么?

求你了,宝贝!你至少背书给我听一听!

不行!

那你就再写写作业!

不行!

预习一下明天的功课!

不行!

那我要冲你发火了!

不行!

问题课堂

上课听不进去，感到无聊总走神怎么办？

偶尔感到无聊、偶尔发呆是有好处的，因为这就像是给大脑放了个小假，有助于放松身心。如果你不喜欢这种无所事事的感觉，那就另当别论了，毕竟这也不好熬。

在课堂上，有时候确实会感觉有点无聊，这很正常。只要不是经常觉得无聊就没什么大问题。

有些孩子在课堂上总是觉得很无聊，是因为他们比别人学得快，他们可能早就知道答案，甚至比别人先学会课本内容。有时候，这种无聊感让人十分痛苦，却又很难说出口，因为他们不想被看作是只爱学习的"书呆子"，或者担心跳级后会失去好朋友，又或者他们可能没意识到自己已经遥遥领先，所以才觉得上课无聊。

如果你觉得课堂上讲的内容对你来说太简单，让你感到无聊，请务必和爸爸妈妈谈谈这件事，让他们一起帮你想想解决办法。如果你们一致认为在大多数知识点上，你都领先于他人，不妨和爸爸妈妈一起找老师聊一聊。

首先，你得找个时间和爸爸妈妈好好聊聊，搞清楚你

马克桑斯,别再读那本小说了,去写作业吧!

不,写作业太无聊了!

圆桌骑士

上课觉得无聊是不是真的因为已经把课堂上的知识都学会了。然后，鼓起勇气，亲自去和老师聊聊你的感受。有许多家长都会去找老师聊这个问题，有时候老师会不耐烦，但如果是学生自己主动提出这个问题，情况就完全不一样了。毕竟，这是你亲身经历的事情，由你亲自说出来会更有说服力。不过，**你可以和爸爸妈妈一起想想怎样做对你最有帮助**。是继续留在现在的班级，还是可以尝试跳级到更高年级去挑战自己？如果你不想改变现状的话，可以想想怎么做才能让你对上课感兴趣。

有一些老师非常聪明，他们会请这类学得快的学生去帮助那些学习跟不上的学生。我们可以称这类学得快的学生为"学习小帮手"。

第二章

我特别害怕……

案例4

莎拉（10岁）

上课害怕被提问，想当小透明。

"老师和妈妈都说我不够自信。但其实，我只是不想在大家面前回答问题，不想演讲，不想当众背诗。**我更希望安安静静地坐下来，做我的书面作业。**"

"有谁觉得你这样做不太好呢？"

"老师和妈妈。她们说自我表达能力非常重要，是需要好好培养的。我感觉老师好像不太喜欢我这样。因为她说不能对我区别对待，毕竟班上的其他同学都愿意展示自己。老师和妈妈总是问我，为什么不愿意那样做？但说真的，我也不太清楚该怎么回答她们。"

"你呢？你觉得这样很讨厌吗？"

"有一点。"

"这种讨人厌的压力让你觉得很受伤，还是觉得它像好朋友一样给你提供了保护？"

> 这种讨人厌的压力让你觉得很受伤，还是觉得它像好朋友一样给你提供了保护？

"我觉得两个方面都有。"
莎拉思索了一下，"**这种压力让我觉得很烦**，因为上课的时候它一直跟着我。老师随时都会问我问题，我时刻都要保持警惕。**不过这种压力也会保护我**，多亏了它，我才不用回答问题。每次老师问我问题的时候，我都表现得很差，让她不得不放弃。"

"可以这么说，**但是，我们可不能在压力和逃避里陷得太深哟！**你的压力一直在提醒你，口头表达是一件很危险的事，那如果有一天，你突然决定在课堂上勇敢地表达自己，是不是就会觉得像面对一头大怪兽一样可怕呢？"

"……"

"实际上，我觉得现在最让我们头疼的事情，是你依赖压力，你的压力在替你做决定。我能帮你做的，就是减少你对压力的依赖，我们可以试着将这种依赖减少到30%或40%，这样一来，你的大脑可以有更多自由决定要不要开口表达。我观察发现，**每当你需要进行口头表达的时候，你的大脑好像都没来得及反应，压力感就已经占据上风，让你彻底打消了表达的念头。**"

"没错，就是这样。"

"我知道你应该不喜欢我问这个问题，但我还是想问，当老师上课提问的时候，你在害怕什么呢？"

"我害怕我开口回答完之后，她会生气或笑话我。"

"这种情况的确有可能发生，也的确让人害怕。老师以前这么做过吗？"

> 我在她面前就怕得张不了口。

"是的……不过那是很久以前了，当时她是我二年级的老师。在我知道她还要当我五年级的老师的时候，我总会想起以前发生的事，从那以后，我在她面前就怕得张不了口。"

"那是3年前的事情，你虽然当时还小，但是却记得十分清楚。你那次是怎么表现的呢？当时发生了什么？"

莎拉,你要站起来回答问题!

我不想回答这个问题。

"那次，我们在上一堂关于鸟类知识的课。老师给出鸟的名字，我们回答鸟的叫声是什么样的。当老师抛出布谷鸟的名字时，我特别开心，因为我知道答案，哥哥在家常常学布谷鸟鸣叫，是'布谷——布谷——'的声音。于是我站起来答道：'布谷鸟是这样叫的……'可还没等我说完，我的肚子就闹腾起来，我忍不住放了一串连环响屁！我的同桌薇薇安哈哈大笑起来，其他同学也跟着大笑，最可怕的是，我的老师很不高兴，她说：'莎拉，别捣乱！'薇薇安笑得停不下来，老师便让她出去笑。薇薇安弯着腰出去，嘴里嘟囔着：'对不起！对不起！'

布谷鸟是这样叫的……

"老师真的特别生气，同学们都被吓到了。老师恶狠狠地看着我说：'既然莎拉在课堂上捣乱，那我们还是上数学课吧！'其他同学都不笑了，他们全都在埋怨我。**我特别委屈，眼泪在眼眶里打转。**回到家后，我把这件事告诉了爸爸妈妈，爸爸妈妈却只是叹气。"

"所以，这件事情给你留下了心理阴影。这也就能解释你后来为什么会害怕当众发言。"

"接下来的几天，我根本不敢去学校，幸好，当时离放长假只剩下一周了。后来升到三年级、四年级，我还是觉得很丢脸，**我甚至害怕在操场上看到这位老师。**虽然爸爸妈妈总拿这件事说笑，可我觉得这真的不好笑。"

"你今年和别人聊过这件事吗？"

"没有。如果我和我爸爸妈妈聊的话，他们会说都陈芝麻烂谷子的事了，该翻篇了，甚至会说这件事很好笑，所以和他们说不通。我也不可能去和老师聊这件事，我实在是太害怕她的反应了。**我不希望勾起她糟糕的回忆，因为这样可能会误伤我自己。**"

> 虽然爸爸妈妈总拿这件事说笑，可我觉得这真的不好笑。

"我懂，但是你觉得老师是在盯着你不放，是吗？"

"是有点。"莎拉叹了一口气。

测一测 ➡ 开始

🔍 透过神奇放大镜，你能看到什么呢？

请填写对话框。

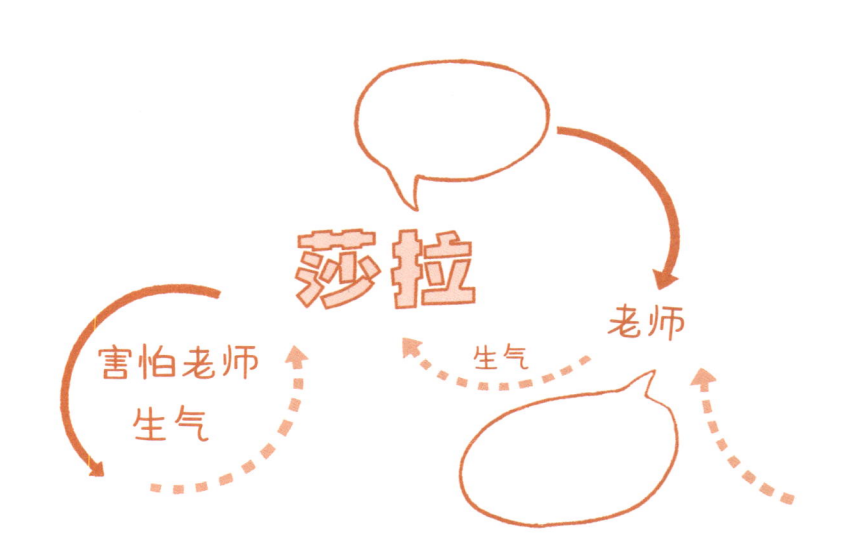

莎拉

老师

害怕老师生气 ← 生气

1 **你认为莎拉陷入了哪两种恶性循环？她越……就越……；她越……老师就越……**

　　她越封闭自己、拒绝当众表达，就越害怕当众回答问题；她越回答"我不知道"，老师就越没法理解她，还会越生气。

2 **如果莎拉继续维持现状，你认为老师对她的怒气会减少吗？**

　　不，只会增加。所以，莎拉这样完全行不通。

3 **在莎拉和老师的关系中，使用超级回旋镖绝对能达到最佳效果。可是怎么才能让莎拉接受这种方法呢？写一写你的建议。**

---

4 **你会向莎拉提出什么建议？**

　　详见下一页的"我的专业建议"。

5 **你认为莎拉需要喝下多少勇气药水，才有胆量使用超级回旋镖？**

　　大约1升。

▶ 我的专业建议

"莎拉，我懂得你心里的难过。老师因为一些原因对你生气了，你一定度过了糟糕的一天。我知道你不是故意要惹她生气，但我有点担心，**如果你一直躲着老师，不回答她的问题，或者拒绝站起来当众发言，老师可能会更加生气。**到那个时候，情况可能会变得更加糟糕。如果你不想让这种情况发生，我们就得想个办法，让自己变得勇敢一些。因为，一直担心这件事，不仅会让你感到很累，还可能会影响你的学习。"

"天哪！这听起来太难了，我不喜欢……"

"嘿，莎拉，我完全理解你的感受，毕竟这需要你鼓足勇气往前冲。**如果你能和老师谈谈，告诉她你为什么会感到害怕，还有你心里真正的担忧，那么解决问题的大门就已经打开了，**至少80%的难题都不再是难题了。虽然这样做不能保证老师今后不会对你生气，但比起你现在躲躲闪闪的方法，可要有效得多呢。"

"我做不到。我连和老师对视的勇气都没有。"

"**你可以写一封信给老师，把你不敢当面说的事情都**

写下来。"

"你的方法太吓人了。"

"我明白你可能会这么觉得。但是，你觉得老师会因为你写给她的信，就在全班同学面前批评你吗？"

"不会。"

"她会再也不理你吗？"

"不会。"

"她会和你说'说实话，莎拉，我想忘记那个痛苦的时刻，可你却在提醒我'这句话吗？"

"会。"

"那你会怎么回答她呢？"

"我本来是想和您解释为什么我会害怕当众表达。如果我又让您痛苦、生气了的话，我向您道歉。"

"你回答得非常棒！"

收到信之后，老师非常感谢莎拉能给她写信。她告诉莎拉，那天上"鸟类知识课"前，她刚和其他老师吵了一架，这才是她当时生气的主要原因。她经常和朋友聊到那天发生的事，因为这是她近几年来遇到过的最有趣的一件事。不过，事后她才意识到自己当时不应该生气，她很抱歉当时没有及时向莎拉解释清楚。她对莎拉说："如果以后你觉得我说话声音太大，吓到你了，你就举起这张小黄牌，我保证以后说话会更加温柔。"

我和莎拉都觉得这位老师真的太好了。

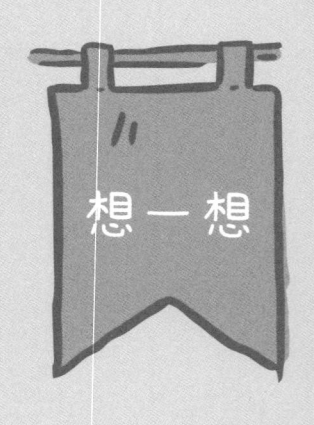

想一想

▶ **如果你是莎拉，你会怎么给老师写信？**

问题课堂

害怕和老师交流，怎么办？

在我们的成长过程中，老师扮演着非常重要的角色。

你可以做个调查，向身边的人提问，问问哪位老师给他们留下了美好的印象。

大部分人会说出一个或好几个名字。

如果你好奇地追问原因，答案多半是因为他们和那位老师关系很好。

同一个班级里的同学，对同一位老师的感觉可能完全不同。 有的同学可能会怀念初一时的数学老师，而有一些同学提到这位老师可能会皱起眉头。所以，这不仅仅是老师的性格问题，更多的时候，是我们和老师之间关系的问题。

有趣的是，**你可以主动影响这段人际关系**。想象一下，你和老师之间有一根神奇的丝线，你们两个人都能对它产生影响。这根丝线对学习来说同样重要，如果师生关系愉快和谐，学习就会简单快乐许多；如果师生关系紧张或冷淡疏远，学习就没那么简单快乐了。比较好的是，大家和老师之间一般都是第一种情况。

但是，有时候第二种情况也会跳出来捣乱。

如果你和老师之间的丝线断了，又该怎么去修复？

如果你觉得和老师之间的关系有点紧张，让你感到担心的话，你可以先和父母谈谈，再去找老师聊聊，毕竟**手握那根丝线的人是你自己，而不是别人**。你可以和老师聊聊你的真实感受，如果你觉得面对面交谈有些害羞，你也可以给他写一封信。

比如，你可以在信里写："亲爱的老师，我觉得我可能做了一些让您不太开心的事情，但我不太清楚具体是哪些。我希望我们之间的关系能够愉快和谐，您能帮帮我，告诉我哪里做得不够好吗？"之后，老师可能会告诉你是哪些事惹他生气了。换位思考，就算有些人的某些行为让我们很生气，但如果他们主动与我们沟通，我们依然会很重视、很喜欢他们，老师也是这样的。接下来，你可以想想，该如何做出改变，去建立良好的师生关系。

极少的时候，就算你费尽千辛万苦，也依然没法改善与老师的关系，这可能会打消你的勇气，让你不想在学校积极表现。我理解这种想法，不过这对我们毫无帮助。

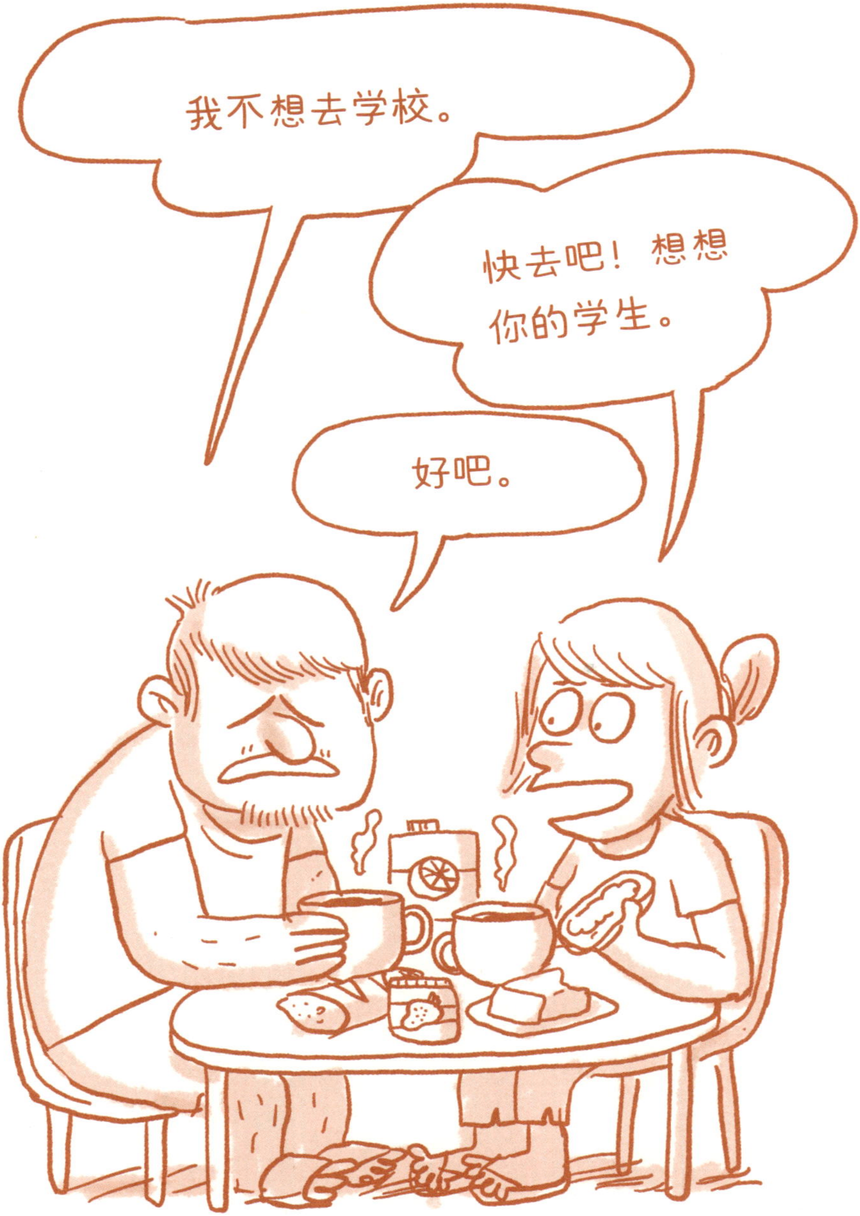
我不想去学校。
快去吧！想想你的学生。
好吧。

你可以告诉自己,老师是因为现在心里有事,所以才不开心,甚至有点生气,这不是你的错。这样一来,你可以不把这件事放在心上,不让它影响到你的学业。你可以决定放弃修复这根丝线,继续努力学习。

在生活中,我们没办法和每个人都相处融洽。上了初中以后,你会接触到更多的老师,你和老师们的关系不一定都很好。所以,你必须依靠自己的求知欲,来克服这个问题。

案例5

白格姆特（8岁）

我胆子特别小，总害怕发生坏事。

白格姆特和我说："我来看病，是因为从9月开学以来，我就总觉得很害怕，这种恐惧感一直困扰着我，特别是在学校的时候。奶奶被迫来接过我好几次，**因为当我的惊恐症发作的时候，我的两个老师都手足无措**。不得不说，我发作起来特别严重，也难怪她们没办法。爸爸觉得老师们应该做更多的事情来帮助我，但是奶奶告诉爸爸，老师们也不能因为我一个人，就把整个三年级都丢下不管。因为我在学校的状况越来越差，所以校长对我的爸爸妈妈说：'我们得找一个方法，来帮助白格姆特，**她的**

惊恐症已经严重影响了她的学习。'是的，相比于去年而言，我的成绩下滑了许多。最近，校长和我爸爸妈妈提到了'儿童特殊教育学校'。儿童特殊教育学校是专门为生理或心理发展有缺陷的儿童提供教育的一种机构，它会提供更加灵活的课程，来适应这些儿童的特殊状况。然而爸爸听了校长的提议后突然发怒，和校长吵了起来，场面变得非常混乱。他大喊大叫：'我女儿没有病！是你们没做对的事情！'妈妈把我带到外面，避免这个场面让我更焦虑，然而为时已晚，在门口，我的惊恐症又发作了。

> 是你们没做对的事情！

"校长说：'我不允许你这样说。白格姆特的老师们都已经拼尽全力了。'最后，爸爸说：'我要写信去教育局告你们。'校长大喊道：'你尽管去吧！'然后他便返回了自己的办公室。爸爸在回家的路上还是很生气，但是他努力放缓了语气安慰我：'小公主，别担心，你没有病。我们会找到解决办法的。'我总觉得他是在强忍泪水。

"这就是我来找你的原因，妈妈说，我必须得和你聊聊我内心的恐惧。

"我很难和你解释这种恐惧，因为那真的太可怕了。

我想，一旦我和你说了，就有可能会发生坏事。但是我会努力地回答你的问题，我真的不想再焦虑了，不能这样下去了。"

> 我很难和你解释这种恐惧，因为那真的太可怕了。

"非常感谢你的信任，白格姆特，你真的很勇敢！你是害怕别人遭遇危险吗？"

"是的。"话音刚落，白格姆特的呼吸和吐字都开始紧张起来。

"别人是指你自己、你妈妈、你爸爸、你奶奶，还是指其他人？"

"妈……妈。"白格姆特结结巴巴地说。

"你觉得她会遭遇意外，还是会出现健康问题？"

"意……意外……"

话还没说完，白格姆特就"噌"的一下站了起来，她绕着我诊室里的办公桌跑来跑去，并发出刺耳的尖叫声。

"**白格姆特，快点跑！用尽全力跑吧，喊吧！**这样我才能知道你的惊恐症是怎么发作的，才能理解你，千万别压抑自己！"

白格姆特突然停下脚步,她的眼睛瞪得大大的,惊讶地看着我。紧接着,**她又像只受惊的小鹿一样,边跑边发出尖叫声**。5分钟后,她坐在沙发上,因为害怕而不停地打嗝,好像连呼吸都变得不顺畅了。

> 白格姆特,快点跑!用尽全力跑吧,喊吧!这样我才能知道你的惊恐症是怎么发作的……

"妈妈会因为意外离开你吗?你觉得到底会发生什么呢?"

"一辆……一辆大卡车会撞到妈妈。"白格姆特回答道,"大大的卡车。司机没……没看见,因为妈妈总……总是不走人行道。救护车到得太……太晚了。妈妈会……"

"会离开你。所以你才会这么害怕,白格姆特,你是个善良的孩子!没人想在8岁的时候失去自己的妈妈,那真的太可怕了。但是,这种事情确实有可能发生,尤其是你在学校上课的时候。如果你和妈妈待在一起,你就可以提醒她,不要在马路上做危险的事情。"

"是的。她不在我身边的时候,我特别害……害怕。"

"我能理解,宝贝。换作是我,我也会很害怕的。如果妈妈离开了我们，我们每个人都会很伤心，尤其是你。而且，在小时候就失去妈妈真的很可怕。"

"是的，所有人都会哭，所有人都爱妈妈。"白格姆特说。

"你妈妈确实是个很好的人。当你在学校感到害怕的时候，老师会怎么安慰你呢？"

> 如果你和妈妈待在一起，你就可以提醒她，不要在马路上做危险的事情。

"她们会对我说：'小白格姆特，别担心，深呼吸，一切都会好起来的，你不用害怕。你妈妈肯定好好的。'"

"嗯，虽然她们说得很对，但是即使她们这样说，你的恐惧也没法消除，对不对？"

"是的。虽然这些话能够让我稍微冷静一点，但是在当天或第二天，恐惧还是会再次找上门。"

"如果我没猜错的话，每次这种可怕的恐惧感来临时，你都会拼尽全力去克服，是不是？所以你会跑来跑去、尖叫，你告诉自己，只有这样才能赶走它，是吗？"

"就是这样的。**我对自己说要叫起来、跑起来，才能**

赶走内心的恐惧。有时候，我甚至会打自己耳光。但是，这种方法只能在当下起到一些作用，用不了多久，恐惧感还是会再次袭来。这会妨碍到全班同学，因为我真的做了一些奇怪的事，没办法过正常的三年级生活。或许我真的要去儿童特殊教育学校上学了，我要失去朋友了，这太令人难过了！"

"这样说来，你的方法没法彻底缓解你内心的恐惧。我们必须找到一些截然不同的方法。你有没有发现？**你在这里做了一件勇敢又神奇的事——我们一起经历了恐惧，**你直视了它，说话不再结巴了，呼吸也不再困难了。我们谈话的内容，本来应该会让你彻底爆发的。"

"没错，我本应该比现在更焦虑，真奇怪……"

测一测 ➡ 开始

请填写对话框。

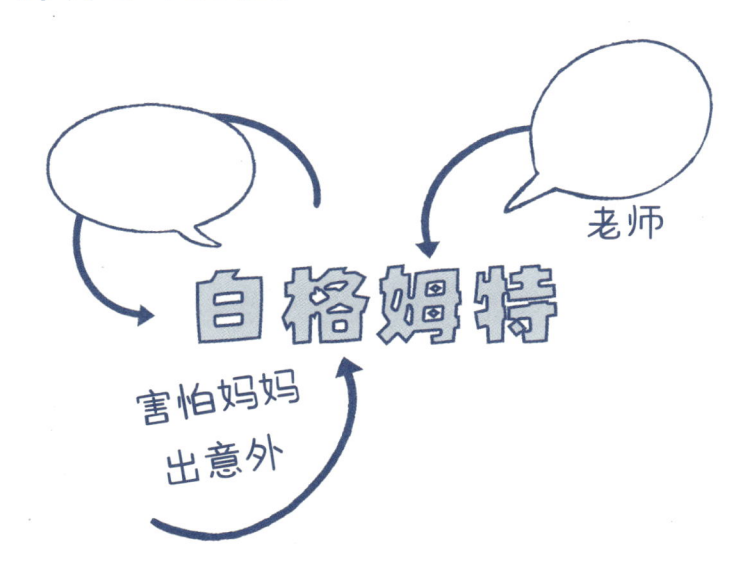

（白格姆特）

害怕妈妈出意外

老师

1 **你认为谈话结束之后，怎么做才能让白格姆特不再结巴、不再呼吸困难？**

　　白格姆特常用的方法无法彻底缓解她内心的恐惧，我们需要反其道而行之。恐惧总会再次出现，她如果能够直视恐惧，就不会那么害怕了。

2 如果我们试图压抑自身情感，你觉得最可能发生什么？

情感会更加高涨。

3 如果你害怕一样东西，但大人或朋友说"不要害怕"，你的恐惧感会随之减少吗？

不会，只会更害怕，这意味着他们不懂我的痛苦。

4 想象一下，你站在一条漆黑的长廊中，身后有一只超级可怕的怪物，你就算跑得再快，也会被它抓住。再想象一下，你在长廊中间停住了脚步，转身直勾勾地盯着怪物。你觉得这只怪物会有什么反应？这个想象能否帮你回答第一个问题？

当我们直视可怕的怪物时，它们会离开，因为它们喜欢追逐惊慌失措的我们。

白格姆特如果能直视怪物，也就意味着她能够直面内心的恐惧。

5 你认为超级回旋镖的意义是什么？

和之前一样，我们透过神奇放大镜看到，白格姆特和她的老师尝试的做法都是合情合理的。当一个人害怕时，我们需要安慰他。在大多数情况下，安慰是有用的；但在有些情况下，安慰完全没用。如果安慰没用，我们就必须反其道而行之。自我安慰的反义词就是自我惊吓，这正是超级回旋镖的神奇之处。

▶ 我的专业建议

在白格姆特的案例中，她心里的怪物是害怕妈妈会出意外。

我告诉她："你越是逃避恐惧，越是拒绝直面恐惧，越是压抑恐惧，这个恐惧怪物就越是不停地追赶你，追你到天涯海角，而且离你越来越近。"

如果自我安慰不能缓解内心的恐惧，那我们就要反其道而行之。**这个办法是强迫自己去感受恐惧**，因为只有这样，我们才能驯服它。就像养野猫一样，如果我们强行把它塞进袋子里，它就会大叫、挣扎、挠人、咬人。**如果我们想驯服它的话，最好的方法就是先慢慢地靠近它，温柔地呼唤它**，让它适应我们的存在，知道我们是它的朋友，这样它才会慢慢变得温顺，愿意和我们玩耍。

我建议白格姆特也用这种方法去驯服恐惧，让恐惧不要总是在她上学时出现，让她学会控制恐惧，而不是被恐惧控制。

"驯服恐惧很难，但如果你认真练上一周，我保证，那只怪物会越变越小，你的惊恐症发作的次数会越来越少，你的恐惧感也会慢慢减少。刚才你做得就很好，因为你已经开始勇敢地直视内心的恐惧了，就连我们刚才说到妈妈离开我们的时候，你也勇敢地直视了它，而且说完后，你心里是不是感觉好多了？"

"是的。"白格姆特点了点头说，"但是，还是有点困难。"

"当然难！这可不是每个人都能做到的，不过你已经成功通过了第一关。对了，你有毛绒玩偶吗？"

"有4个。"

"那过第二关的时候，你可以用上这4个玩偶。你需要待在一个舒服的地方，抱着这些玩偶，然后找一个计时器，设定倒计时15分钟。在这15分钟之内，你想象一下我们俩聊过的可怕场景。记住，**你不能自我安慰，你要像看恐怖片一样，让那些场景一直演下去**。等计时器响起来时，你可以往脸上泼些冷水，让自己清醒过来，然后给自己一些奖励，去回忆一件美好的事，比如爸爸妈妈的一个吻、一片果酱面包、一场泡泡浴……等到第二天同一时间，你再做一次这个训练。如果恐惧在其他时间来打扰你，比如，在你上学的时候，你可以在心里悄悄对它说：'你可以晚些再来吗？我现在正忙着呢，之后再找喂，这条奇怪的狗狗叫什么名字？

叫"担心我妈妈会出意外"。

它看着真吓人！

最开始的时候，它把我吓傻了，但我驯服了它。

它肯定在拉臭狗屎。

你。'但是忙完后你千万不能爽约,不然恐惧肯定会报复回来。"

"好的。"白格姆特说,"我会努力通过第二关。"

就这样,整整一周,每天下午6点,**白格姆特都通过想象,将内心最恐惧的东西召唤出来**。她的恐惧感越来越少。又过了两天,她便不会再在学校感到恐惧了。

一个月后,我收到了白格姆特寄来的成绩单,老师在成绩单上写了12个闪闪发光的"优"和1句"成功克服困难"的评语。

老师们还当面夸赞她:"白格姆特,你太棒了!"

想一想

▶在你的记忆中,你是否曾因为没有正视恐惧,而越来越害怕某些东西?

案例6

雅德（10岁）

一不小心放了个屁，害怕被同学嘲笑。

"和你聊这件事，我实在是有点难为情。"

"啊！你是希望我转过身去？"

"不用，都一样的。我还是会觉得很丢脸。"

"如果你不想说的话就不说了，我会和你妈妈说，你还没准备好。"

"不用。我真的很想找到解决办法，这件事实在让我太痛苦了。"

"要不你把它画出来？"

"好，这样简单。"

雅德递给我一张纸，上面画了一个小女孩，她的屁股后面在"冒烟"。

"这是你？"

"是的。"雅德羞红了脸。

"所以，你偶尔会在公众场合放屁？"

"是的。"雅德将头埋进我沙发的坐垫，大笑了起来，但她笑得并不开心。

> 我不想在别人面前放屁，因为真的太可怕了。

"我感觉你很苦恼……"

"我不想在别人面前放屁，因为真的太可怕了。"

"我猜，你一定有尽力避免在别人面前放屁。"

"是的。我在班上会强忍着，每当我感觉肚子在蠕动，我就想办法让屁老老实实地待在屁股那儿。每次下课后，我都会去厕所排气，**我不喝气泡水，甚至试着控制食量，因为我猜想这么做可以减少气体产生。**"

"做这些事情，一定占用了你很多时间。"

"是的。但我从来都不确定这些方法有没有用，可怕的是，我感觉肚子叫得越来越厉害了，最终很难忍住。**晚上，我也会做关于放屁的噩梦**。有时，我告诉自己最好的解决办法就是不去学校，毕竟在家放屁没关系。"

"当然没关系，因为家人不会伤害你。"

"是的。"

"我明白，没人想在公众场合放屁，除了那些极度随性的人。但是我觉得你太焦虑了，这让你都不想去上学了。你从什么时候开始害怕放屁的？"

"从伊丽丝1月得胃肠炎开始。当时，她站起来跟老师说想要去厕所，但是站起来的时候没忍住，所有人都听到她放了一个超响的屁，甚至还看见她的裤子上渗出了一点液体……你能明白吗？"

"明白。"

"所有人都笑了。虽然老师大声阻止大家笑，但已经太迟了。伊丽丝哭着走了，这件事对她来说简直太可怕了。老师一转身，汤姆和诺亚就喊伊丽丝'放屁鬼'，他们说女孩放屁

> 老师一转身，汤姆和诺亚就喊伊丽丝"放屁鬼"……

就是世界上最恶心的事。

"汤姆说：'我以前还挺喜欢她，现在我都不想和她说话，她太恶心了。我从没想过她会那样。男孩放屁没关系，但是一个女孩……'"

> 男孩放屁没关系，但是……

"所以，对于汤姆来说，男孩的屁可以忍受，但是女孩的屁就真的很恶心？"

"是的。"

"是因为两种屁的气味不一样？"

"不是……可是你知道的，**大家都说女孩必须漂漂亮亮、低调谨慎**。大家都说放屁的女孩看起来就像个男孩，这样不好。"雅德生气地对我说，她不明白为什么我连这么简单的道理都不懂。

"听着，有些男孩和女孩的想法与你的是一样的。但是，你要知道，这种想法对男孩很有利，因为这最终会给他们带来更多的权利，比女孩多得多的权利，比如在公众场合放屁的权利。当然了，这还不是最重要的权利。然而，有些孩子觉得**不管男女都应该在方方面面拥有相同的权利，放屁也不例外**。很显然，汤姆和诺亚不属于这类孩子，也就是说他们觉得男孩高女孩一等。这也就意味着，如果伊丽丝是个男孩，那她今天在学校的处境就不会那么糟糕。所以，归根结底，**伊丽丝痛苦不是因为自己在公众场合放屁，而是因为自己是个女孩**。我记得有一位名人说过：'我虽然放屁、打嗝，但我是个真正的女人。'"

"她长得漂亮吗？"

"非常漂亮。"

"其实，我觉得任何女孩都有放屁的权利。因为我们不是洋娃娃。"

> 我记得有一位名人说过："我虽然放屁、打嗝，但我是个真正的女人。"

"我们当然不是。不过，汤姆和诺亚这两个男孩，在班里说话很有分量，是不是？如果我没猜错的话，你要是像伊丽丝那样放屁，他俩也会对你做出糟糕的评价，那会让你很难受，对吗？"

"是的，这太可怕了！从前伊丽丝是班上最受欢迎的女孩。所有的男孩，包括汤姆都很喜欢她，所有人都会邀请她去参加生日派对，她的学习成绩也最好。可是现在，一切都不一样了。她的成绩下滑了，五年级的学生都不和她说话了。我有时会冲她笑,但是她好像魂不守舍的样子,谁也不看。"

"我明白你为什么害怕放屁,我甚至更加理解你为什么想尽办法阻止它,哪怕那些招数都不太有效。但是,为了让我把所有细节都了解清楚,请允许我再问你一个艰难的问题——**假设下次考试的时候,也就是大家最安静的时候,不管你怎么努力,你还是在班上放了一个极漫长又响亮的屁……**"

"不要,我不想假设这个场景……"

"我明白,我只是想让你理清思路。如果真的发生了,你会面对什么可怕的事呢?"

"会发生伊丽丝经历过的事。"

"你会像伊丽丝一样,哭着跑去厕所吗?"

"是的。不然你希望我怎么做?"

"我不知道,我们可以思考一下。"

测一测 ▶ 开始

🔍 雅德的情况太复杂了，因为她的恐惧来源于他人（汤姆和诺亚）。要想帮助她，就必须用一些不一样的办法。

使用神奇放大镜观察雅德的做法，并填写对话框。

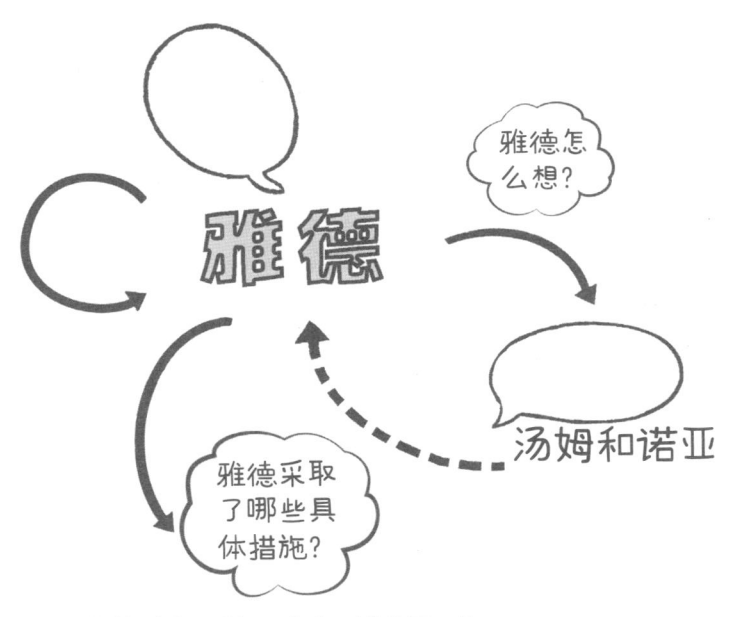

雅德

雅德怎么想？

汤姆和诺亚

雅德采取了哪些具体措施？

雅德不停地对自己说："千万别放屁！"

汤姆和诺亚说："真女孩不会放屁。"

所以，雅德压抑自己的生理现象，不喝气泡水，下课后总跑去厕所排气。

▶1 雅德是怎么想的？

"我不能放屁。""男孩们说得对。"

▶2 使用超级回旋镖能给出哪些相反的建议？

"你错了，放屁很重要。"

▶3 你对雅德有何建议？

就像处理白格姆特的恐惧那样，我先确定雅德恐惧的事情——她害怕自己会像伊丽丝那样放屁，然后哭着离开教室，并且遭遇之后一系列可怕的事情。

如果雅德继续像现在这样压抑自己的生理现象，强迫自己上厕所，她的整个消化系统可能会受影响，所以她必须正常地放屁。如果雅德也做出了和伊丽丝一样的事情，那她大概会招来同样的嘲笑和孤立。所以，放屁的时候，雅德必须做出与伊丽丝截然不同的反应，毕竟放屁是每个人正常的生理现象。

▶ 我的专业建议

"雅德，我很担心你，如果你总这样忍着，总有一天肯定会在课堂上放屁，因为你的身体需要释放它，在某个特定时刻，它就会发作，这是极其自然的事情。毕竟**屁在形成的那一刻起，就注定要被放掉，而不是一直被压抑**。如果你憋着，就意味着在酝酿一个惊天大屁，过一会儿它可能会喷溅而出。所以，我们得想个办法，但是我们可以慢慢来。"

"你想让我怎么做？"

"你有两个选择，要么坚持你自己的方法，继续忍住不放屁；要么试试我的，不过我的方法需要很大的勇气。我建议你从今天下午开始在你朋友面前练习放屁。"

"我拒绝——"

"你可以放一个只有她们能听到的小屁，然后在放完之后说：'你们听到了吗？闻到了吗？**我决定了，不再让男孩制订生存法则！**有位名人曾说过，只有真女人才放屁，所以我决定我想放屁就放屁。'如果你能在课间休息的时候，练习在公众场合放屁，那就更好了。最好的办法是，你提前告诉你的朋友们你要在班上放屁，让大家都听见。最好是让你的朋友们也做好准备，因为你需要她们的帮助。"

"哦，天哪！"

"没错。你一放完屁，就可以说：'满分10分，我给这个屁打9分。汤姆，这个屁比你的好，你的屁勉强也就4分。你确定你真的是个男子汉吗？'如果你说完之后所有的女孩都能笑出声，那就更好了。"

雅德被逗笑了。

"他会生气的。我不知道自己行不行，这太难了！而且，老师可能会惩罚我。"

"你可以提前和老师讲讲我们的作战计划。我基本上可以确定，老师会站在我们这边的。但是你先练习放些小屁吧，这样保险点！"

"好！"

雅德成立了一个放屁女团，并邀请伊丽丝加入。

雅德还没在班上放过屁，但我期待着。

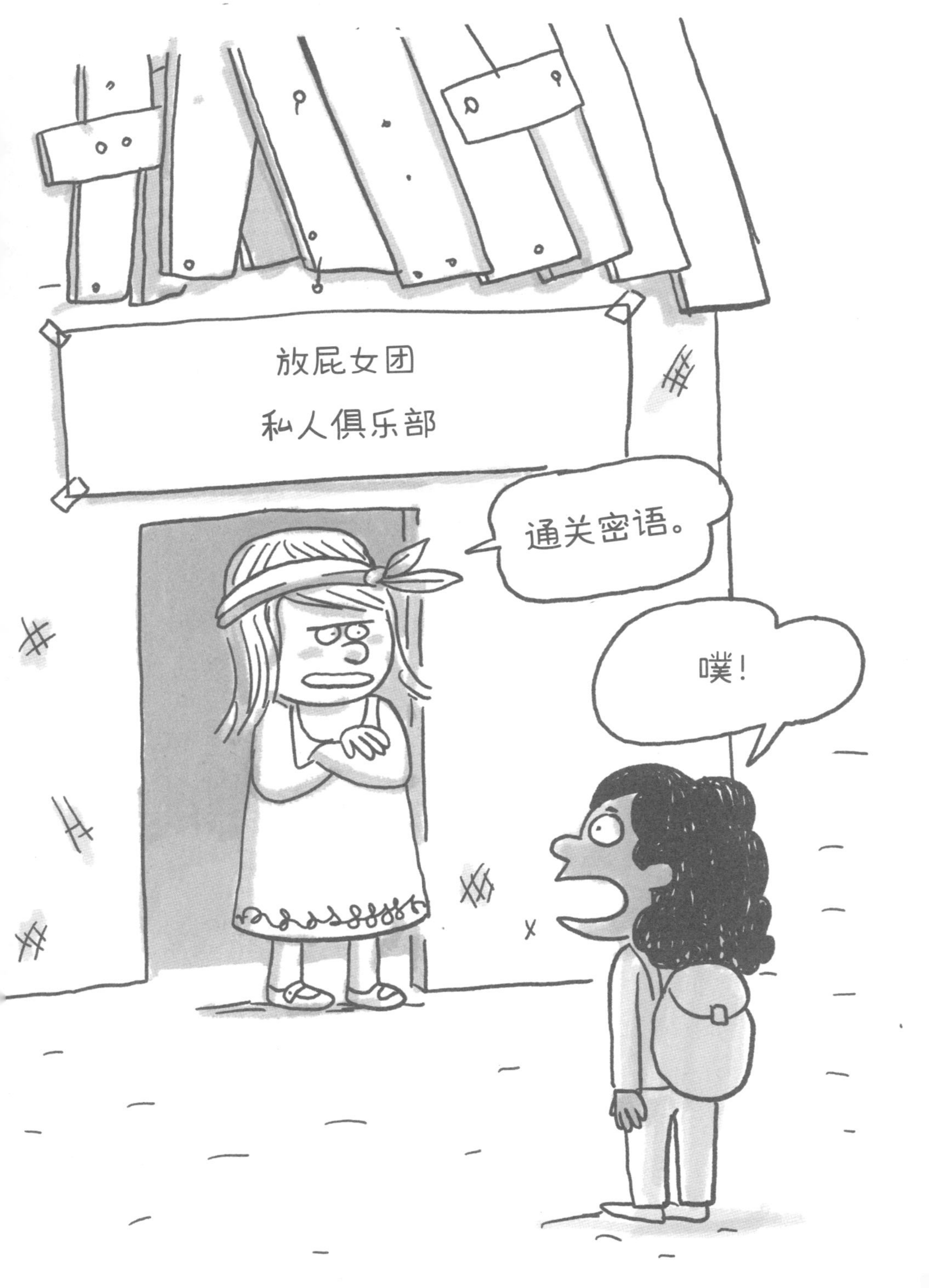
放屁女团
私人俱乐部
通关密语。
噗！

想一想

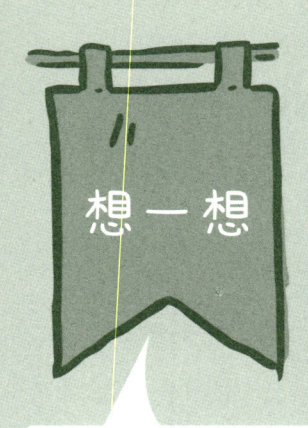

▶你是否也曾和雅德一样,害怕身体不听使唤,害怕到影响了正常生活?

▶你是如何走出困境的呢?

问题课堂

害怕去学校，怎么办？

我每天都和许多孩子聊天，所以我列了一张孩子们常出现的**恐惧清单**。这些恐惧并不会一直影响学习，但却令人十分痛苦，**如果你经历过这些恐惧，你会知道你并不是孤独的一个人。**

- 害怕呕吐
- 害怕口吃
- 害怕脸红
- 害怕外出研学时尿床
- 害怕别人看到自己这么大了还要穿尿不湿
- 害怕别人看到自己带布娃娃去上学
- 害怕恐怖分子袭击学校
- 害怕妈妈或保姆阿姨忘记接自己放学
- 害怕别人觉得自己傻
- 害怕别人觉得自己做操不协调
- 害怕别人觉得自己长得丑或穿得差
- 害怕别人闻到自己身上的臭气
- 害怕别人抢走自己的好朋友
- 害怕别人知道自己有喜欢的人

- 害怕别人造谣自己在恋爱
- 害怕别人取笑自己的家人
- 害怕朋友不邀请自己去参加他的生日派对
- 害怕晕倒
- 害怕老师不喜欢自己
- 害怕去老师办公室
- 害怕总找自己麻烦的同学
- 害怕长大
- 害怕上初中，害怕过初中生活
- 害怕去合唱团，因为自己唱歌时会变成公鸭嗓
- 害怕在爸爸妈妈面前表演话剧
- 害怕去游泳，因为其他人都比自己瘦
- 害怕淹死在泳池
- 害怕在操场打架
- 害怕被人推来推去
- 害怕留级
- 害怕另一个同学
- 害怕爸爸妈妈和老师对自己失望

欢迎你在这张清单上补充自己的恐惧！

恐惧之地

进门前
请脱鞋

勇气
药水

欢迎

请不要忘记以下两个基本秘诀！

1.如果你感到害怕，那是因为你有理由害怕。**任何人都没有资格对你说"没什么好害怕的"，你要直面恐惧。**

2.没有哪一个小学生是天不怕地不怕的，即使那些在你看来战无不胜的人，也至少有一样害怕的东西，只是他们隐藏得很好而已。试着去猜猜他们内心的恐惧，这样的话，他们在你眼里就没那么大魅力了。

务必使用战斗指南中的武器来驯服内心的恐惧！

神奇放大镜： 请使用神奇放大镜分析问题、绘制图表。

超级回旋镖： 使用超级回旋镖来直视自己内心的恐惧，为恐惧留出自我释放的空间。

勇气药水： 请重读此书，并为自己准备几升勇气药水，勇敢行动！

第三章

我一无是处……

案例7

米娜（9岁）

大脑一片空白，考试总犯难。

在上四年级以前，我的学习一直都很顺利。然而，四年级开学没几周，**我就感觉自己像从最爱爬的那棵大树上摔下来了一样。**

我今年的老师是罗斯女士，她5年前教过我哥哥雅西尼，我哥哥非常喜欢她。她休产假的时候，我那讨厌画画的哥哥甚至还给她画了一幅画。妈妈和我说："老师休产假，雅西尼还哭了呢。你千万别和别人说哟，我只是和你说说而已……"

直到开学那天，罗斯老师和我说："米娜，我希望你能和你哥哥一样优秀。"

我心里有点忐忑，因为爸爸说雅西尼是我们家最聪明的人。以后，他会成为工程师或医生，不枉费爸爸妈妈所有的辛苦和忙碌。

> 我希望你能和你哥哥一样优秀。

然而，爸爸并没有评价我。我觉得我以后的工作可能会不怎么样。

不管怎样，我觉得罗斯老师太严厉了。她给我们布置很多作业，**每当她在我的练习册上写下评语，并画上一个不开心的表情时，我就感觉像被人一拳打在了肚子上。**这样的表情越来越多，所以我的肚子也越来越疼。

还有一件烦心事，**就是我每个节假日都在努力学习，但成绩就是不好，**就连我的朋友都觉得不可思议。

就好像我往糖果自动售卖机里投币，却没有任何东西出来一样。我气得想踢机器一脚，然而这个机器就是我自己。你能明白吗？

妈妈和我说，姨妈小时候的老师经常会这样评价姨妈——勤奋如牛，蠢笨如驴。

学习课文的时候，我会先读一遍，再自问自答，然后抄写要听写的词语。我还会主动背诵乘法口诀表并让妈妈抽查。结束之后，妈妈经常会夸我："米娜，你太棒了！背得太好了！"

于是，我安心地去睡觉，对自己说一切都会好起来。然而，一旦第二天考试，就又不行了。

罗斯老师写下问题或听写词语的时候，我心跳得很快。**我感觉眼前仿佛蒙了一层纱，一切都变得模糊不清**。我对自己说："米娜，别紧张，你知道答案的，你昨天才学过，你甚至让妈妈给你听写了。"我试着用护士教我的方法进行腹式呼吸。我努力握紧手中的笔，避免自己哭出来，因为**我的大脑一片空白，里面仿佛有个能吸走一切知识的黑洞**，让我回答不出来。我努力不让自己紧张，但是却失败了。我什么也想不起来。过了一会儿，我放弃了，我用双手捂住脸，免得被人看见我在哭。所以，我的成绩很不好。

> 我努力握紧手中的笔，避免自己哭出来……

妈妈对我说，我不能再这样紧张下去了。但是我真的不知道该怎么做。她和罗斯老师聊了聊，然后罗斯老师和我说，练习册上有没有笑脸表情不重要，有没有得到优秀评语也不重要，**重要的是我真正学到了什么，无论如何，总是会有收获的**。老师也知道我在努力学习，她的这些话安慰了我。

> 我努力不让自己紧张，但是却失败了。我什么也想不起来。

但我还是很难过，所以我来找你。我真的很想考出好成绩。

测一测 ▶ 开始

🔍 我们用神奇放大镜看到了什么？

请填写对话框，尤其要仔细填写米娜自己的对话框，因为她是要去参加考试的人。

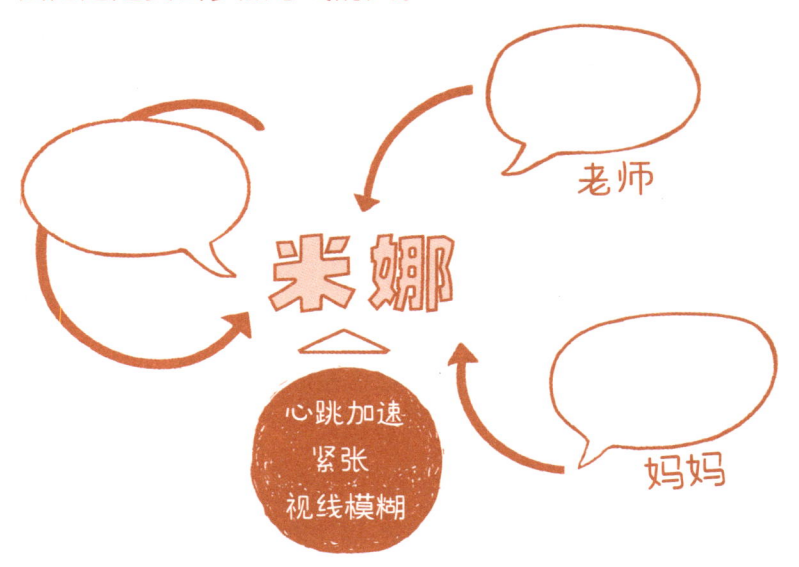

米娜

老师

妈妈

心跳加速
紧张
视线模糊

1 **米娜和丽拉、基利安一样，身体里也住着两个打架的小人。你能形容一下吗？**

米娜似乎被一分为二了。她身体里的一个小人因害怕考砸而心跳加速、视线模糊、大脑空白；另一个小人则对她说："不要紧张，坚持住！努力回忆知识！"

2 哪个小人更厉害？

第一个小人更厉害，还多次获胜了。米娜想尽办法让她闭嘴，但这个小人就像一匹脱缰的野马，奋起反抗。

3 你准备建议米娜使用哪种超级回旋镖？

米娜感觉紧张是很正常的，也很重要。虽然这听起来很奇怪，但却合情合理。

1. 详见本书的第16页"我没法专心，一学习就开小差。"。

2. 详见本书的第28页"我没法安静，总忍不住动来动去。"。

▶我的专业建议

"米娜，如果你愿意的话，我们可以一起画一幅压力的画像，因为我们得和它谈一谈。"

"**我觉得它是一个长满尖刺的黑球**。考试的时候，尖刺会变成触手，在我思考答案的时候伸进我的大脑里，然后让我的大脑一片空白。"

"你描述得很好！我知道它，它叫'**黑刺压力球**'，这儿多得很。米娜，那个长着尖刺的黑球对你说了些什么？你觉得它想告诉你什么？"

"我不太确定，你觉得它的触手中间有没有嘴巴？"

"我觉得有。而且，我觉得它可能想对你说：'米娜，你能感觉到我的存在，是因为你总是考不好，所以我这个压力球就出现了。你听我说——听我说——'如果考试的时候它对你说这些话，你该怎么办？"

"我会假装听不见，我会假装它没有出现……"

"有用吗？"

"没用。"

"不仅没用，甚至适得其反。你的做法让它越来越嚣张、膨胀。所以你需要让它相信，在你考试的时候它是有立足之地的。**你可以把它放到腿上，像安抚猫咪那样去安抚它。**"

"不行！我和你说过了，它可是个带刺的大黑球。"

"我知道，但你得勇敢，你顺着刺的方向抚摸它就行。如果你照做的话，它就会对自己说：'好了，米娜知道我在这儿了，她必须得听我的。'"

从现在开始，我们需要严格执行我们的作战计划。

▶ 每次考试前10分钟，你把黑刺压力球放到腿上，让它尽量将自己的触手舒展开。它可能会心存戒备，不像平时那么自然地舒展，但你得坚持住。**如果它出现了，你要感谢它选择陪在你身边**，让它把自己的愿望都告诉你——它一如既往地希望你考砸。这时你甚至可以告诉它，它的想法是对的，这样，它会感到受宠若惊。

▶ 考试的时候，如果它张开了触手，你就让它舒舒服服地待着，也就是说，**如果你回答不了第一个问题，那就翻页，不要再去思考**。你就假装自己屈服了，然后在草稿纸上画画。你可以画它、画鲜花，或者画骷髅头。你可以画上3分钟，然后再重新开始答题。如果黑刺球还是不让你思考，那你就继续画画，就这样一遍一遍地和它耗下去，这是唯一能哄骗它的方法。

"万一它就是不让我思考呢？"

"好吧，那你就会像平时一样考砸。但是，我觉得只要我们正确地使用超级回旋镖，就可以轻松地唬住它。所以，在接下来的10次考试中，如果你都按照我刚才说的去做，它最终就会变成一只乖巧的小猫咪。你要好好把握这段时间,把它彻底驯服。"

"你觉得它现在在偷听我们说话吗?"

"在,不过它听不懂我们人类说的话。"

"好险!不然我们的计划就要泡汤了。"

一周之后,米娜给我寄了一幅画,上面画着黑刺压力球,并写了一句话:**它走了**。

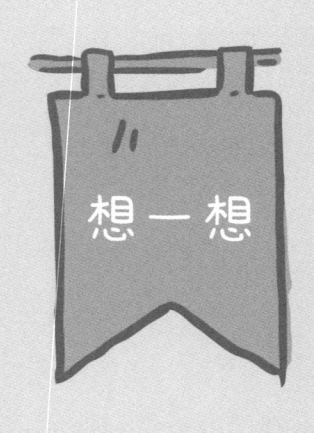

想一想

▶ **你觉得为什么画出压力有助于解决问题?**

你如果晚上6点再来的话,我会觉得更好,因为我现在很忙……

好吧!!!

案例8

阿尔丰斯（10岁）

怎么学也学不好，怎么办？

我的姨妈9月份去世了，妈妈因为太想念她，伤心过度，病倒了。一连几周，我都没有心思写作业，我得帮着爸爸处理很多事情，因为妈妈下不了床。

考试如期而至，但我都没时间复习，也不想复习，最后我考砸了。**我经常感觉到焦虑和难过，因为我真的很爱我的姨妈，也很想念她。**

起初，老师并没有多说什么，因为她知道我家最近发生了一些让人难过的事情。但是，随着时间慢慢流逝，在长假结束后，老师让我打起精神，她担心如果我不快点振作起来，我的整个五年级可能都会变得糟糕。有一天，老师带着我去了校长的办公室。在那里，我们3个人围坐在一起，她们开始跟我聊起了我的未来。老师温柔地对我说："阿尔丰斯，是时候打起精神来了。你看，**你的成绩像滑滑梯一样往下滑，作业也常常忘记写，这些我们都看在眼里。**而且，你在班上调皮捣蛋扮小丑的次数也越来越多了。如果继续这么下去，你可能上不了好的初中了。我们相信，你一定能重回正轨的。现在，你妈妈的身体也在慢慢变好，你得开始为自己的未来做打算了。学习是件重要的事情，我相信你一定能够做好的。"

"不然的话，我们得把你的家长叫来，让他们管管你。"校长补充说道。

"好的。"我低头看着地面小声地说。我希望她们，尤其是校长，不要再说下去了，因为她那双严厉的眼睛让我有点害怕。

> 于是，我直愣愣地看着她那双严厉的眼睛……

校长继续说："阿尔丰斯，你回答问题的时候要看着我们。这是最基本的礼貌。"

于是，我直愣愣地看着她那双严厉的眼睛，但是没有看太久，因为我有点害怕自己哭出声、笑出声，或是做出其他不合时宜的反应。不过我的表情肯定不太对劲,因为校长说:"你摆出一副傲慢的表情,是想让我记住你吗?"

我不想再节外生枝,便摇了摇头。校长看向我的老师,叹了一口气。

"回操场吧,小朋友!"

下楼前我放慢了脚步,听到老师说:"他的成绩真的落后了,我很担心……"

"如果不行的话,我建议他留级。"校长回答道。

泪水流过我的脸颊,我迅速擦干,回到了操场。

朋友们都在那里等我,他们问我是否还好,毕竟大家都不喜欢去校长办公室。

我说:"没事,我可经历过更糟糕的事。"

他们很吃惊。

> 我遗传了爸爸的幽默风趣,但这让我成了小丑帮帮主。

从这时开始,我成了班里的人气王。我遗传了爸爸的幽默风趣,但这让我成了小丑帮帮主。为了博大家一笑,没错,你又该指责我了。

我在上课的时候演了好几出捣蛋戏。

有一次,趁老师不注意,我钻到了桌子底下,然后在桌子底下爬来爬去,等我爬到讲台下的时候,我假装自己是戴着潜水呼吸管从海里出来的。我总是悄悄地出现在讲台边,所以老师经常被吓一跳,引得全班哄堂大笑。虽然每次发生这样的事后,老师都会把我送去校长办公室待一个上午,但这依旧是我最爱开的玩笑。

> 我练习了很久,现在可以惟妙惟肖地模仿公鸡的叫声和开门的嘎吱声。

我有一个特别的本领,不动嘴巴就能模仿动物的叫声或物品的声音。我练习了很久,现在可以惟妙惟肖地模仿公鸡的叫声和开门的嘎吱声。每当老师责备我时,我都会说:"太不公平了,这不是我做的。"有趣的是,老师永远也猜不透我说的是真是假。我用圆珠笔做了根吹管,我用它吹小球可以百发百中。我喜欢瞄准前排认真读书的同学,因为他们被击中后就像小宝宝一样,会大喊大叫,我觉得这真是太好玩了!

我还有一个特别的本领,那就是一边打嗝,一边背字母表,我会趁老师不注意的时候,把大家逗笑。

但是，我的爸爸妈妈终于忍无可忍了……尤其是妈妈，她看到了老师给我写的评语，她说我要把她逼疯了。爸爸也不愿意去学校开家长会了，校长跟妈妈说了我的事情。

> 我本想帮你，好几次都伸出了援手，可你不仅变得懒惰，还不尊重老师……

有一天，老师把我留了下来，认真地对我说："**阿尔丰斯，你的所作所为让我很失望。**我本想帮你，好几次都伸出了援手，可你不仅变得懒惰，还不尊重老师，这让我太伤心了。所以从今往后，你要是再这样捣蛋，就直接留级，去校长的四年级班上。"

我为老师、为妈妈，也为我自己感到难过。但是，现在已经2月了，说什么都太迟了。

测一测 ▶ 开始

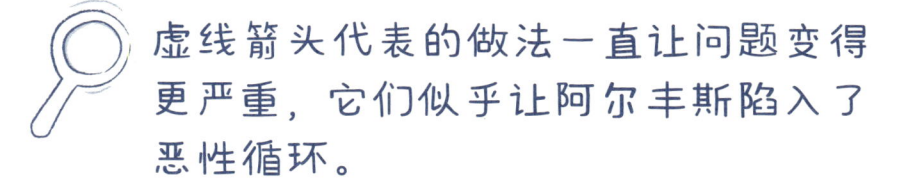

🔍 虚线箭头代表的做法一直让问题变得更严重，它们似乎让阿尔丰斯陷入了恶性循环。

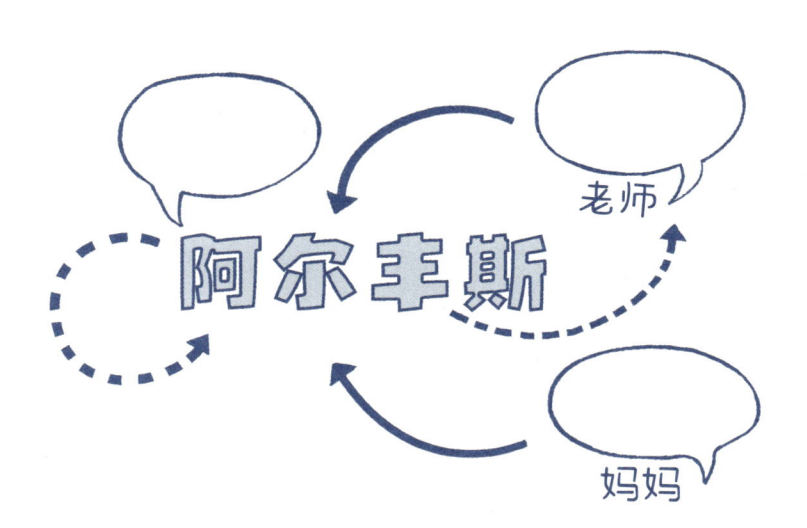

阿尔丰斯

老师

妈妈

1 **你认为应该对哪个虚线箭头率先使用超级回旋镖？**

阿尔丰斯脑袋里的那个虚线箭头。这个箭头对他说："不管怎样，一切都太迟了！"

2 **请描述阿尔丰斯陷入的恶性循环，并说出他的做法。**

阿尔丰斯对自己说一切都太迟了，干脆不学了，他开始在班上调皮捣蛋扮小丑。老师很生气，不想管他了，这让他的成绩又落后了一截，而这又导致他继续放弃学习，继续在班上扮小丑，并陷入恶性循环。阿尔丰斯就像被困在车轮里，不停地打转，却又停不下来。

3 **这次你建议我们使用哪种超级回旋镖？**

"或许还不算太晚，我们试试看吧！"

▶ 我的专业建议

我和阿尔丰斯说，我十分理解他为什么决定放弃学习，**原因如下：**

· 姨妈去世的伤心事打乱了他们一家人的生活，也妨碍了他专心学习，**日积月累下，他的成绩便落后了。**

· 走出校长办公室后，**他听到了校长和老师的对话，她们似乎都认为时间来不及了**，他没法提高成绩，不能顺利升入好的初中。

"**这两个原因都在告诉你，你今年没希望了**，最简单的办法就是等着留级，如果有可能的话，最好还是一边搞搞恶作剧，一边开开心心地等着，毕竟明年你的朋友们就毕业了。"

"是啊，这样太棒了！"阿尔丰斯说，"这些我早就知道了。"

我知道，他一定是被他妈妈逼着来看病的。

"抱歉！我刚才只是想和你确认一下，我对你的情况理解得对不对。而现在，我们可以尝试从另一个角度来看问题，你有两条不太好走的路可选。"

选择1 **彻底放弃**。你百分之百确定自己没希望了，不论你做什么，都赶不上大家的进度。如果你选择这条路，那就继续扮小丑吧！但你要知道，妈妈、老师和校长会被你逼疯。你会在小学留级一年，到了明年，你得和学弟学妹们一起学习，不过这个方法也行得通。如果你选了这条路，在接下来的这4个月，你将还是小丑帮帮主。但是，**你可能会失去现在的朋友们**，因为他们上初二的时候，你还在上初一，他们可能都不会和你一起玩了。

选择2 **勇敢追赶**。如果你的老师愿意帮忙，你一定能迎头赶上，毕竟你很聪明，你的老师也认为你有潜力。不过这个方法也不一定可行，也许老师不愿意帮你，也许你自己做不到。**而且当你开始学习，别人可能会觉得你变成了书呆子**，而不再是小丑帮帮主。

"一切都得由你自己来做决定，所以我才会以选择的形式来介绍这两种方法。"

阿尔丰斯先是沉默，然后问道："关于第二个选择，我有两个问题。如果我选了这个方法，我该对朋友和老师说些什么呢？"

"你可以对朋友说：'如果我不努力的话，我们明年就必须分开。所以，在接下来的几个月里，我要当一个书呆子，我这样做，是为了挽救我们的友谊。'"

"可以。"

"对老师，你可以直接告诉她真相，说：'我因为落后太多，学习实在太吃力，所以才不学的。但如果您认为我还能追上学习进度，并且愿意帮我的话，我随时都会开始努力，我会按照您说的去做。我知道我让您头疼不已，您可能不愿意再帮我了。但现在，我已经意识到了自己的问题。'不过，老师也有可能不会答应。"

"我觉得老师会帮我的！因为她是个好老师。"

"确实，不过你之前太调皮了。"

"的确是。"

"阿尔丰斯，我建议你把这两种可能性都考虑进去，毕竟这条路不好走。**不管你选哪条路都没有错，因为这是你的选择。**"

我递给他一张小纸条，上面写着我最爱的一句话：**最**

让我们后悔的，往往是那些没尝试就放弃的机会。

阿尔丰斯最终选择勇敢追赶，顺利地升入了初一。

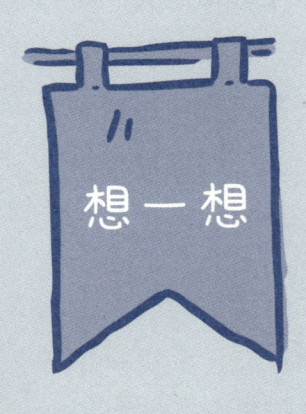

想 一 想

▶ 我写给阿尔丰斯的那句关于后悔的话，你怎么看呢？

▶ 如果你是阿尔丰斯，你会选哪条路？

▶ 你是否曾对自己说过"太迟了"？

问题课堂

学习跟不上进度，怎么办？

正如我在本书引言中所说，**每个学生都像拥有一本有许多空白页的作业本**。随着时间的推移，这个本子上会写满不同学科的新知识。然而，**每个本子都有它自己的书写节奏**，这个节奏因时而异，也因科目而异。如果每个本子都在同一时间以同样的方式被填满，那才奇怪呢！不过，学校有时会出现这样的问题。

比如：许多成年人觉得，放长假返校后，一年级学生就必须学会造句。在我看来，这种想法很危险，因为如果大家都这么认为的话，那么那些不太会造句的学生会觉得自己是异类，从而伤心、苦恼。可是，你如果仔细观察的话，就会发现他们很擅长其他的事情，比如画画、搞怪。

然而，大家只在意一年级学生会不会造句这件事，这会让那些还没学会造句的学生非常沮丧。并且，学会造句的学生也会觉得还没学会的学生不够聪明，有时甚至会取笑他们。所以，长假之后，学会造句的学生和没学会造句的学生之间，便形成了一种竞争关系。说实话，这种竞争真的很无聊。

> 我的人生目标是努力学习,成为世界上最美好的人。

> 我努力学习是为了创造更美好的世界。

加油!

100分!

我们应该让事情自然地发展，而不是硬要按照某个时间点去强求。

这个观点可能听起来有点无趣，因为如果家长们听到了，他们可能会变得更加焦虑。有时，他们的谈话好像只围绕着孩子有没有学会造句技能这个话题进行。他们在家聊、在学校门口聊，和爷爷奶奶聊、和医生聊。突然之间，大家都只关心这一件事情，仿佛不会造句是一件非常严重的事情。这也可以理解，毕竟家长们都想要找到解决问题的方法。**但他们可能忘记了，他们的孩子其实已经学会了很多其他的东西。** 比如，在爷爷的陪伴下学会了下围棋，在妈妈的示范下学会了独自给妹妹唱摇篮曲，还有在爸爸的帮助下做出了美味的馅饼。

家长的这种做法，有可能会让你觉得自己真的是个废物，而这种想法无疑又会反过来阻碍你学习。如果你觉得自己在某些科目上比别人差，并且为此苦恼，那**我建议你每天晚上拿出一张纸，在上面写下你当天喜欢做的3件事**，比如：

- 吃奶奶做的可丽饼；
- 和恩佐嬉戏玩闹；

- 在爸爸的车里唱歌。

如果你能照做，就说明你学会了享受美好的事物和时光，这不是每个人都能做到的。如果有人嘲笑你，你就说："**如果你的生活中只有学习，你肯定过得很苦，这太令人伤心了。**"

案例9

亚当（10岁）

这不能怪我，我的身体有缺陷。

"你好！"小男孩朝我伸出手，说，"我叫亚当，今年10岁，我得了失用症[1]。"

"你好，亚当！我叫艾曼纽尔，今年48岁，我体育和数学都不好。"

"你为什么要告诉我这些？"

---

[1] 失用症：失用症即为运用障碍，是指脑损伤后大脑高级部位功能失调，患者神志清楚，对所要求完成的动作能充分理解，却不能执行，不能完成他原先早已掌握了的、病前能完成的、有目的性的技巧动作。

"为了让你更好地了解我。我和你一样,也会在自我介绍的时候说自己的缺点,虽然这么做有点奇怪。"

"不奇怪。但我有失用症这件事你必须得知道,我知道你研究儿童精神疾病。"

"不,我不是研究儿童精神疾病的,我是研究如何让孩子们学会更好地和自己以及别人相处的。如果你觉得告诉我你有失用症这件事很重要的话,那我就重点记在本子上,好吗?亚当,你为什么来这里呢?"

"**我在班上和其他同学相处得不太愉快,他们对我不太友好**,我已经因为同样的事情换过一次学校了。所以,我想找出解决方法,让他们对我好一点,不然,我会一直交不到朋友。虽然现在才刚开学,但我已经不太想去上学了。"

你知道的,这不能怪我,我有失用症。

"和我说说看,为什么他们对你不好?上一次这样是什么时候?"

"昨天,我们在操场上踢球,我不小心撞到了加布里埃尔,踢到了他的小腿胫骨。**因为生病,所以我经常会不小心撞到别人**。然后,他就冲我大骂脏话,我也大声回了一句：'你知道的，这不能怪我，我有失用症。'然后他对我说：'我才不管你有没有病，你跑的时候得注意下别人。我再也不要和你一起玩了。'他太坏了！我把这件事告诉了老师。老师并没有怎么责备加布里埃尔，因为他受伤了，正在哭。但老师还是和他说这件事不能怪我，因为我的身体不灵活。加布里埃尔假装没听见，所以老师也没办法。

"**我觉得很心烦**，因为我很喜欢加布里埃尔。"

> 不管怎样，如果我在学校里没朋友，上学也就没什么意思了，我还不如在家上网课呢。

"我能理解你。你能再和我说说别的困难时刻吗？这样一来，我就能知道事情是怎么发生的了。"

"因为有失用症，所以我的笔袋是透明的，这样我可以快速找到文具。我还有特殊的剪刀，不然我就没法剪东西。可是亚历山大和艾玛经常把我的这些东西藏起来，然后喊我'小唐人[2]'。我不太清

---

[2] 小唐人：亚历山大和艾玛所说的"小唐人"是指"唐氏综合征"患者，唐氏综合征是一种先天性脑发育不全的疾病，他们想借此暗示亚当智力发育缓慢。

楚'小唐人'是什么意思，但我觉得肯定不是夸我……所以我站了起来，把他们的笔袋扔在地上，拿走他们一支笔，或者是大发脾气，满脸涨红，又哭又闹，然后说一些脏话。有一天，老师不得不把所有同学都喊出教室，因为我想把椅子扔到每一个人的头上，我当时真的受不了了。但是事后我很后悔，我告诉自己必须保持冷静。**可有的时候情绪一下就涌上来了，我也控制不住自己。**不管怎样，如果我在学校里没朋友，上学也就没什么意思了，我还不如在家里上网课呢。"

> 我花了大量时间和他们解释说我有失用症……

"可怜的亚当，你该多伤心、多生气啊！你现在在学校过得真不容易。告诉我，你为了在学校和其他同学友好相处，都做了哪些事？"

"呃……我花了大量时间和他们解释说我有失用症，所以他们必须要对我好。

"年初，我和爸爸妈妈一起准备了一个有关失用症的汇报，想让大家了解失用症带来的影响，比如肢体不灵活、行动迟缓等。但是大家都没有认真听，也没有提任何问题，我特别失落。为了那次汇报，我们一家三口花了很多时间,妈妈说大家都没有同情心。

> 亚当做题真慢!为什么他总是做这么长时间?

"**我的肢体不灵活,会伤害到别人,会弄掉东西,这样的事情每天都会发生好几次**。我解释说这不怪我,因为我有失用症,但是所有人都不听我说的话。

"老师也一样。如果我某道题做不出来,我就会提醒她我有失用症,因为有的时候她会忘记这件事,所以忘记调整做题时长。你肯定能猜到,就算我已经解释过上百遍,也一定会有人抱怨:'亚当做题真慢!为什么他总是做这么长时间?'这太让我心烦了!总之,**我用尽一切办法,想让他们记住我的病,让他们更加包容我**,但大家好像都不想听我讲话。"

"效果的确不太好。"

"非常不好。就像爸爸说的一样,他们完全不听。"

"你在上一所学校也是这么做的吗?"

"是的,做法一模一样。但在以前的学校情况更糟,因为到最后,同学们都会故意惹我生气,一天要惹好几次,他们甚至以此为乐。他们绊我,推我,不让我和他们一起玩。真的太可怕了，我每分每秒都在生气！现在的学校还没那么严重。"

"亚当，**你如果不做出任何改变的话，有可能会重蹈覆辙。**"

"我觉得应该是他们做出改变。因为我有失用症，我无能为力。"

"没错，所以我们必须找到别的方法来帮你。你真的很勇敢，可以忍受这一切，每天去上学。你也很聪明，我们必须发挥好盟友的作用，老师就是一位好盟友，对不对？还有你的爸爸妈妈，也是我们的盟友。"

"是的，我特别喜欢老师。我生气之后，她就把其他同学的家长叫到了学校。因为她觉得我生气的次数越来越多，时间也越来越长。而且，我的成绩相比开学时下滑了很多，她觉得我学习退步了，很担心我，所以她让妈妈带我来看病。爸爸妈妈随时都会竭尽全力地帮助我。"

"这样最好了，因为我们需要整个团队参与进来。"

测一测 ▶ 开始

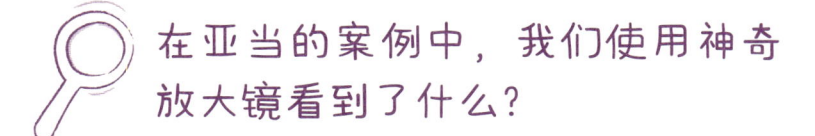

🔍 在亚当的案例中，我们使用神奇放大镜看到了什么？

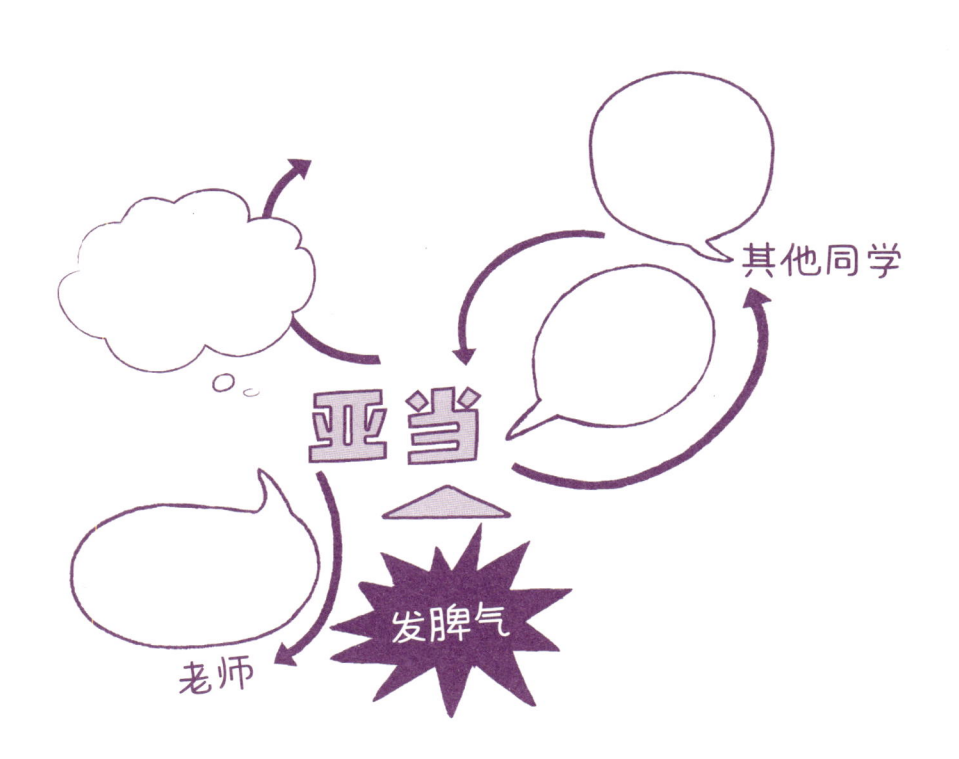

亚当

其他同学

老师

发脾气

1 亚当是如何面对自己有失用症这件事情的？

亚当对自己说："应该让其他人适应我的失用症。"他对其他人说："这不怪我，我有失用症。"

所以其他同学才会抱怨亚当笨手笨脚，抱怨他有特权，同时嘲笑他。

这样，亚当很生气，他开始发脾气。

2 亚当为了在学校过得更舒心，都做了哪些努力？

亚当总说同一句话："我有失用症。"他用失用症来解释一切。

3 你觉得为什么亚当的方法不管用？

因为其他人都觉得亚当有特权，所以都讨厌他，亚当的解释只会越描越黑。

4 使用超级回旋镖的话该怎么说？

"我不会再用失用症当借口。"

5 你建议亚当如何实施计划？

详见下一页的"我的专业建议"。

▶ 我的专业建议

"亚当，我们真的需要彻底改变。0到10分的努力，你准备做到几分？"

"10分。"亚当不假思索地回答。

"非常好。我的锦囊妙计里可没有低于10分的解决方法。听了你在操场上和教室里发生的事之后，我感觉**你在把失用症当成挡箭牌，你这个行为让同学们很愤怒。你越希望他们因为你的身体缺陷而理解你、包容你，他们对你就越有敌意。**"

"完全正确。"

"所以你既失落又生气。我们不能再这么做了，因为你也看到了，这种做法只会适得其反。"

"是的，没错。"

"在接下来的一个月里，我希望你可以试着接受一个困难的实验——假装自己没得失用症。"

"天啊！"

"丑话说在前面。这个实验意味着——

"**你弄疼别人的时候，要道歉**，说：'对不起，真的对不起。'你不能再提失用症。

"**你弄掉东西的时候，也要像刚才那么道歉。**

"**如果亚历山大和艾玛喊你'小唐人'**，你就把透明笔袋递给他们其中一个，说：'我知道你很久之前就想要这个笔袋了。给，你自己拿吧！你甚至可以把这个笔袋做成一个玩偶，上面可能还会有我的气味呢！'

"**你悄悄和老师商量，让她不要再因为你而在大家面前做出调整。** 你们可以在之后的考试中测试一下，你们得想个暗号，让老师能提醒你遵守规则，也就是不再提失用症，以免你又犯老毛病。

"总之，就是我们要给失用症放一个月的假，然后看看你和同学之间的关系会有什么变化，看看我们的预感准不准确。

"为了让你过得不那么痛苦，我们可以和你的爸爸妈妈说，让你在家享受失用症的特权。比如，一个月内都不用洗碗。"

"我太喜欢你这个主意了。"亚当笑着说。

亚当和老师约定了一个暗号,叫作"不需要"。之后,亚当曾三四次在全班同学面前提出调整的要求,老师都说"不需要"。

同时,亚当在家不仅不再需要摆放碗筷,也不需要洗碗了。

他再也没发过脾气,总是心情愉悦地去上学,他的爸爸妈妈也都很开心。

喂!公安局吗?我要举报有人虐待失用症儿童。

我爸爸妈妈让我收拾饭桌,可我……

喂!喂!

想一想

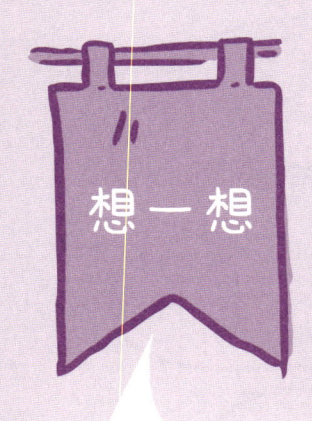

▶如果我们觉得自己生病了,最好和家人聊一聊,确定自己是否真的病了,这样才能决定是否让外部力量介入,帮助我们学习。然而,有时这也会导致一定的问题,可能会有哪些问题呢?

问题课堂

遇到隐形霸凌，怎么办？

亚当的同学嘲笑亚当，给亚当起外号，其实都是一种隐形霸凌。在小学或初中时期，我们可能会经历各种隐形霸凌。我们之所以不反抗，**是因为太害怕面前那个骚扰我们的人了。**

霸凌者可能是学校里最强壮、最霸道或者说话最凶的那个人，以至于没人敢惹他；霸凌者也可能是个自大的人——他总是批评别人，但大家都因为害怕被孤立而对他很好，所以也就没人敢批评他。霸凌很难被制止。霸凌分为好几种形式，而且，和我们的普遍认知完全相反的是，受害者和霸凌者都没有典型的共性，**被霸凌者内心的恐惧和脆弱会助长霸凌行为的发生。**

艾曼纽尔·皮盖在《校园霸凌，我不怕！》一书中列举了15个少年儿童被霸凌的案例，并给出了应对策略，以及走出被霸凌困境的方法。这些方法适用于每个少年儿童，可以帮助他们有效地应对霸凌问题。

《校园霸凌，我不怕！》

山东省著作权合同登记号：图字15-2024-250

Je combats ce qui m'empêche d'apprendre © 2019, Albin Michel Jeunesse
Simplified Chinese edition arranged by Ye Zhang Agency

图书在版编目（CIP）数据

对抗学习压力，有办法！/（法）艾曼纽尔·皮盖著；（法）丽莎·曼德尔绘；王萍译. -- 济南：山东友谊出版社，2025. 2. --（少年成长没烦恼）. -- ISBN 978-7-5516-3281-2

Ⅰ．G442-49

中国国家版本馆CIP数据核字第2024K37C50号

对抗学习压力，有办法！ DUIKANG XUEXI YALI, YOU BANFA!

[法]艾曼纽尔·皮盖 著　[法]丽莎·曼德尔 绘　王萍 译

图书策划 刘 菲	**责任编辑** 孙乙茹	
封面设计 武心悦	**特约编辑** 韩昱婷	
美术编辑 杨晓庆 研艺社		

主管单位 山东出版传媒股份有限公司
出版发行 山东友谊出版社
　　　　　地址：济南市英雄山路189号　邮政编码250002
　　　　　电话：出版管理部（0531）82098756
　　　　　　　　发行综合部（0531）82705187
　　　　　网址：www.sdyouyi.com.cn
印刷　武汉市卓源印务有限公司
开本　889 mm×1194 mm　1/26　**印张**　5.5
字数　73千字
版次　2025年2月第1版
印次　2025年2月第1次印刷
书号　ISBN 978-7-5516-3281-2
定价　39.80元

出品策划 荣信教育文化产业发展股份有限公司
网址 www.lelequ.com　**电话** 400-848-8788
乐乐趣品牌归荣信教育文化产业发展股份有限公司独家拥有
版权所有　翻印必究